U0525003

本书为 2010 年度国家社会科学基金项目"新疆少数民族地区双语教育绩效及评价指标体系构建的研究"(项目编号:10XMZ0018)研究成果

少数民族中小学双语教育绩效研究：
基于新疆的调查

张红艳 著

中国社会科学出版社

图书在版编目(CIP)数据

少数民族中小学双语教育绩效研究:基于新疆的调查 / 张红艳著.
—北京:中国社会科学出版社,2019.6
ISBN 978-7-5203-4720-4

Ⅰ.①少… Ⅱ.①张… Ⅲ.①少数民族教育—中小学教育—双语教学—教育研究—新疆 Ⅳ.①G759.2

中国版本图书馆 CIP 数据核字(2019)第 142193 号

出 版 人	赵剑英
责任编辑	孙铁楠
责任校对	邓晓春
责任印制	张雪娇

出　　版	中国社会科学出版社
社　　址	北京鼓楼西大街甲 158 号
邮　　编	100720
网　　址	http://www.csspw.cn
发 行 部	010-84083685
门 市 部	010-84029450
经　　销	新华书店及其他书店
印刷装订	环球东方(北京)印务有限公司
版　　次	2019 年 6 月第 1 版
印　　次	2019 年 6 月第 1 次印刷
开　　本	710×1000　1/16
印　　张	15
插　　页	2
字　　数	220 千字
定　　价	88.00 元

凡购买中国社会科学出版社图书,如有质量问题请与本社营销中心联系调换
电话:010-84083683
版权所有　侵权必究

目　　录

前言 ………………………………………………………………（1）

第一章　双语教育绩效理论建构过程及研究范式 ………………（1）
　　第一节　研究背景 ………………………………………………（1）
　　第二节　理论建构过程 …………………………………………（3）
　　第三节　研究范式选择 …………………………………………（6）

第二章　教育绩效概念的界定 …………………………………（11）
　　第一节　绩效概念界定的语义路径分析 ………………………（11）
　　第二节　教育绩效概念界定的必要与充分路径分析 …………（13）
　　第三节　小结 ……………………………………………………（23）

第三章　双语教育绩效概念的界定 ……………………………（24）
　　第一节　相关概念与关系的阐释 ………………………………（24）
　　第二节　双语教育绩效概念的界定 ……………………………（26）
　　第三节　小结 ……………………………………………………（36）

第四章　双语教育绩效系统概念模型的建构 …………………（37）
　　第一节　建构双语教育绩效系统概念模型的理论基础 ………（37）
　　第二节　建构双语教育绩效系统概念模型的过程 ……………（55）

第三节　小结……………………………………………（68）

第五章　新疆中小学少数民族双语教育绩效实践的设计………（69）
第一节　新疆中小学少数民族双语教育绩效内涵的研究…（69）
第二节　新疆中小学少数民族双语教育绩效调查
　　　　问卷的设计…………………………………………（72）
第三节　研究设计………………………………………………（80）
第四节　新疆中小学少数民族双语教育绩效调查
　　　　研究的实现…………………………………………（87）
第五节　小结……………………………………………………（93）

第六章　新疆中小学少数民族双语教育绩效现状……………（94）
第一节　新疆中小学少数民族双语教育的效益…………（94）
第二节　新疆中小学少数民族双语教育的效率…………（101）
第三节　小结……………………………………………………（109）

第七章　新疆中小学少数民族双语教育绩效系统的研究………（111）
第一节　新疆中小学少数民族双语教育绩效影响因素
　　　　及其之间的关系……………………………………（111）
第二节　新疆中小学少数民族双语教育绩效影响因素的
　　　　作用机理……………………………………………（119）
第三节　小结……………………………………………………（140）

第八章　新疆中小学少数民族双语教育绩效改进措施研究……（141）
第一节　新疆中小学少数民族双语教育绩效的绩效
　　　　差距…………………………………………………（141）
第二节　新疆中小学少数民族双语教育绩效的原因
　　　　分析…………………………………………………（144）
第三节　新疆中小学少数民族双语教育绩效的改进
　　　　措施及建议…………………………………………（151）

第四节 小结 …………………………………………… (155)

第九章 新疆中小学少数民族双语教育绩效评价指标体系的建构 …………………………………… (156)
  第一节 新疆中小学少数民族双语教育绩效评价指标的确定 ………………………………… (156)
  第二节 新疆中小学少数民族双语教育绩效评价指标权重的确定 ……………………………… (163)
  第三节 新疆中小学少数民族双语教育绩效评价指标体系应用说明 …………………………… (170)
  第四节 小结 …………………………………………… (177)

第十章 研究总结与展望 ……………………………………… (178)
  第一节 研究总结 ……………………………………… (178)
  第二节 研究展望 ……………………………………… (182)

参考文献 ………………………………………………………… (185)

附录 ……………………………………………………………… (200)

前　言

　　双语教育作为创建多元文化社会的重要手段，已经成为世界上许多国家教育体系的重要组成部分，它在打破语言文化隔阂、促进民族间交流方面正发挥着越来越重要的作用。新疆地广人稀、经济相对比较落后，少数民族人口数量占总人口数量的60%以上，处于民族问题频发的敏感地带，少数民族双语教育在新疆具有重要的政治、经济及文化作用。新疆中小学少数民族双语教育已经实施多年，国家为此投入了大量的人力和物力，但少数民族双语教育质量并未得到显著提升。如何在有限的投入下切实提高新疆中小学少数民族双语教育质量，是新疆中小学少数民族双语教育界亟待解决的问题。要解决这一问题，就必须对新疆中小学少数民族双语教育绩效影响因素进行深入研究。双语教育不论其出发点如何，目标是什么，都不可避免地受到政治、心理、语言、教育、态度、家长、教师等诸多因素的影响，而这些因素之间的关系又非常复杂，关于究竟哪些因素在双语教育中起着决定性作用，学者们的结论并不一致。因此有必要以绩效改进为目标，对新疆中小学少数民族双语教育绩效影响因素进行系统的研究。

　　基于以上的背景和缘由，本研究提出了双语教育绩效理论与实践这一命题，以实现对双语教育绩效理论与实践方面深入的研究。本研究主要对以下几方面的内容进行探讨：

　　1. 双语教育绩效理论研究

　　本研究在后实证主义研究范式的指导下，遵循华莱士"科学环"中关于理论建构的过程，实现了对双语教育绩效理论的研究。本研究首先在对教育绩效相关文献及教育过程本质进行深入分析的基础上，明确了教育绩效内涵；其次结合教育目标分类理论及双语教育的定义，明确了双语教育绩效内涵；最后以教育生产函数理论及双语教育理论为"覆盖率"，结合教育绩效的特点及教育绩效定义中输入、输出及中间变量之间的关系，借鉴联合国教科文组织关于教育质量影响要素模型框架，建构了包括学生、教师、家庭、同伴、环境及教育投入六个影响因素在内的双语教育绩效影响因素概念模型。

2. 新疆中小学少数民族双语教育绩效系统的建构

（1）新疆中小学少数民族双语教育绩效影响因素建构的研究设计与实现

本研究在对新疆中小学少数民族双语教育目标——"民汉兼通"进行深入解读的基础上，将新疆中小学少数民族双语教育绩效内涵分解为学生双语能力、课程学习情况、学业成就获得情况、两种文化融合情况、对学业的态度、对双语教育的态度及价值观获得情况七个方面。结合新疆中小学少数民族双语教育绩效内涵和双语教育绩效概念模型，本研究分别设计了新疆中小学少数民族双语教育绩效学生调查问卷与教师调查问卷，在保证问卷信度与效度的前提下，完成了对2107名双语学生及328名双语教师的问卷调查。

（2）新疆中小学少数民族双语教育绩效影响因素的研究

为了明确新疆中小学少数民族双语教育绩效影响因素，本研究首先从传统教育影响因素、双语教育所特有因素及新疆所特有因素的角度，对新疆中小学少数民族双语教育绩效影响因素各属性分别与绩效不同方面进行了相关分析，明确了新疆中小学少数民族双语教育绩效的影响因素及其属性，验证了研究假设，明确了新疆中小学少数民族双语教育绩效影响因素分布特点；其次从二者的相关关系中，归纳出了各影响因素不同属性的内在作用方式；最后采用专家咨询法，完成了对影响因素及其属性的校验与修正。

（3）新疆中小学少数民族双语教育绩效影响因素之间关系与作用机理的研究

为了明确新疆中小学少数民族双语教育绩效影响因素之间的关

系，本研究通过两轮专家咨询，实现了对新疆中小学少数民族双语教育绩效影响因素及其属性重要性程度的判别，从而明确了各影响因素及其属性的主次关系。为了明确新疆中小学少数民族双语教育绩效影响因素的作用机理，本研究首先通过对新疆中小学少数民族双语教育绩效影响因素各属性内在作用方式的汇总，明确了各影响因素的内在作用方式；其次参照双语教育绩效影响因素概念模型中诸影响因素之间的关系，建构了新疆中小学少数民族双语教育绩效影响因素概念模型，并分析了各影响因素的作用规则；最后通过对新疆中小学少数民族双语教育中各影响因素作用过程的分析，明确了各影响因素的作用原理。

3. 新疆中小学少数民族双语教育绩效改进措施研究

在调查研究的基础上，本研究首先从效益与效率两个方面，明确了新疆中小学少数民族双语教育绩效现状；其次在对新疆中小学少数民族双语教育绩效进行需求分析的基础上，明确了新疆中小学少数民族双语教育绩效差距主要在于双语学生具体能力方面；再次通过对新疆中小学少数民族双语教育影响因素主要属性的分析，提出合格双语教师的匮乏是导致绩效差距的主要原因；最后针对新疆中小学少数民族双语教育绩效差距及其原因，提出了新疆中小学少数民族双语教育绩效改进措施及建议。

4. 新疆中小学少数民族双语教育绩效评价指标体系的构建

在新疆中小学少数民族双语教育绩效影响因素的基础上，通过专家访谈法明确新疆中小学少数民族双语教育绩效评价指标，在评价指标的基础上，利用德尔菲法确定新疆中小学少数民族双语教育绩效评价指标权重，最终建构出新疆中小学少数民族双语教育绩效评价指标体系。

本研究主要在以下三个方面实现了创新：

①本研究在后实证主义研究范式的指导下，通过理论演绎的方式对双语教育绩效影响因素一般理论（双语教育绩效内涵及双语教育绩效影响因素概念模型）进行了深入的研究，在一定程度上丰富了双语教育及绩效技术理论，体现了理论创新。

②在双语教育绩效影响因素一般理论的基础上，本研究建构了新疆中小学少数民族双语教育绩效影响因素，明确了新疆中小学少数民族双语教育绩效差距所在及其原因，并提出了相应的绩效改进措施及建议，拓展了绩效技术的应用领域，体现了应用创新。

③本研究采用回溯研究的方法，巧妙地将规范研究与实证研究相结合实现了对新疆中小学少数民族双语教育绩效的测量，体现了研究理念创新。

第一章

双语教育绩效理论建构过程及研究范式

双语教育在政治、经济和文化等方面具有重要的作用，是世界上许多国家教育体系的重要组成部分。双语教育在我国已经实施多年，其在提高教育质量和创建多元文化社会方面正发挥着越来越重要的作用。

第一节 研究背景

据统计，目前全世界有200多个主权国家，约有3000多个民族，多民族、多语种并存已经成为绝大多数国家普遍存在的现象。不同民族都有其独特的文化，多元文化并存是当今世界多民族国家共有的特点。美国人类学家古迪纳夫（W. H. Goodenough）认为，多元文化已经成为人类的一种生活体验，每个人都生活在多元文化的世界中。[①]

美国语言学家爱德华·萨丕尔（Edward Sapir）说过，语言与文化密不可分，是文化的重要组成部分，并深受文化的影响。[②] 由此可见，文化多样性的保持必须以语言多样性为前提，没有语言的多样性，就没有文化的多样性。

---

① W. H. Goodenough, Multiculturalism as the Normal Human Experience, *Anthropology and Education*, Augest 1976, p.40.

② ［美］爱德华·萨丕尔：《语言论》，陆卓元译，商务印书馆1985年版，第186页。

少数民族中小学双语教育绩效研究：基于新疆的调查

在多样的语言当中，必然存在着一定范围内的通用语与非通用语。在一定范围内的通用语在其他范围内可能是非通用语，操非通用语的人要想在通用语范围内生活，就必须学习通用语。为保持文化的多样性，少数民族不但要学习本民族语言，还要学习通用语，学习两种不同的语言，就出现了双语教育问题。

有许多途径可以用来解决少数民族学习国家通用语的问题，但在学校对少数民族进行本民族语与通用语的双语教育，是解决少数民族学习通用语的最高效方式。为保持文化的多样性，很多国家都在一定范围内开展了不同模式的双语教育，如加拿大所实施的完全浸入式双语教育模式、新加坡所实施的分流式双语教育模式，各国双语教育实践成效各异。但从世界各国的经验来看，双语教育在尊重文化差异及提升少数民族文化地位方面确实取得了一定的效果，已成为创建多元文化社会的重要手段。

双语现象由来已久，但对双语教育的系统研究始于20世纪60年代的加拿大，因此双语教育还是一个比较新的研究领域。此外，双语教育还是一门交叉性边缘学科，其研究成果还不是那么显著。卡根（Kagan）与加西亚（Garcia）就曾经提出，双语教育的知识分散在不同学科之间，如发展心理学、认知心理学、学前教育学、语言学等学科，并认为目前国际上对双语教育的研究是支离破碎的，不完整的。[①]要研究双语教育绩效，就需要将双语教育相关理论与绩效技术结合起来。绩效技术是组织中解决问题的一套方法、过程和策略，其目的在于提高人力资源系统中的学习和生产力，它是绩效分析、原因分析和问题解决方案的选择、设计、开发、管理与评估等基本过程的综合。绩效技术的传统应用领域是工业和商业领域，主要用于对商业组织的研究。近年来，将绩效技术应用于社会性领域非商业组织的研究越来越多，但从已有研究来看，研究主要集中在对政府、医疗卫生等社会性领域的研究，对教育领域的研究相对较少。本研究拟用绩效技术的

---

① S. L. Kagan, E. E. Garcia, Educating Culturally and Linguistically Diverse Preschoolers: Moving the Agenda, *Early Childhood Research Quarterly*, June 1991.

思路与方法研究双语教育绩效问题，来实现对双语教育绩效理论的建构。

第二节　理论建构过程

在社会科学研究领域，研究者通常面对的是纷乱复杂的现象，只有透过现象认识客观事物发展的一般规律，研究者才能真正认识社会。理论提供了一种有效地把握事物内在发展规律的工具。默顿（Merton）认为，理论是指逻辑上相关联并能推导出实验一致性的一组命题。① 风笑天认为，理论是以一种系统化的方式，将经验世界中某些被挑选的方面概念化并组织起来的一组内在相关命题。② 也就是说理论是一组内在逻辑上存在一定关系的概念总和，这些概念及概念间的逻辑关系源自于人们对客观世界的经验。

通过上述定义可以看出，理论由概念和命题构成。其中，概念是对现象的某种抽象，是人们主观上对事物属性的反映。概念由定义构成，而定义通常会以语言、数字或符号的形式来指明或限定概念所指称的现象。概念通常具有不同的属性，可以被赋予不同的数值来代表不同的属性，在社会科学研究中通常也被称为变量。布东（L. M. Sociologie）曾经说过："社会学，就像一切科学那样，也要运用一种语言，这种语言的基本词汇由变量构成，其句法则主要用于确定这些变量之间的关系。"③ 合理地形成概念，并恰当地运用概念，最能体现出一项经验研究所具有的理论色彩和深度。在实际研究中，人们提炼概念的方式通常有两种，一种是从理论文献中借用概念，另一种是从经验研究中抽象出概念。在本研究中，双语教育绩效影响因素是核心概念，产生于理论文献和经验研究两个方面。按照定义，双语教育绩效影响因素又分解为双语教育绩效及影响因素两个基本概

---

① ［美］罗伯特·默顿：《论理论社会学》，何凡兴等译，华夏出版社1990年版，第186页。
② 风笑天：《社会学研究方法》，中国人民大学出版社2001年版，第23页。
③ ［法］布东：《社会学方法》，黄建华译，上海人民出版社1987年版，第8页。

念。这两个基本概念对于研究有重要的作用,为研究提供了一种思维方式将相关研究连接起来,指引着研究的方向。

虽然概念是理论的构成要素,但概念并不直接组成理论,理论是由概念组成的一组命题构成的。命题是对概念间关系的描述。命题的表现形式有公理、定理、假设、经验概括等,在社会科学研究中最常用的命题形式为假设。假设是对概念关系的常识性陈述,是一种可被经验事实验证的命题形式。假设由概念组成,概念是理论的基础,概念随后会转变成变量。假设通常来源于常识、个人预感、猜测、调查研究或者现有理论。在本研究中,双语教育绩效影响因素、影响因素之间的关系及作用机理是由一系列的假设所构成的,这些假设主要来源于文献研究和现有理论。

美国著名社会学家华莱士(W. L. Wallance)[①] 于1971年提出了"科学环"这一概念,详细阐释了社会研究的逻辑过程。华莱士的"科学环"展示了社会研究的两种逻辑过程:一种是研究者从观察入手,通过对研究对象的测量、样本小结或参数估计等手段来描述并解释所观察到的现象,形成经验概括,在经验概括的基础上,形成概念与命题,完成理论建构;然后在理论的基础上,形成假设,以实现对观察的解释。另一种是研究者首先从理论出发,由理论产生假设,再由假设导致观察;在观察的基础上形成经验概况,由这些概括提出新的理论或者修改原有理论。华莱士所说的观察是包括实验、调查研究、实地研究等在内的广义概念。具体如图1-1所示。图中矩形表示信息成分,椭圆表示控制方法,箭头表示信息转换方向,直线表示信息可以进行双向转换。

华莱士"科学环"的意义在于提出了一套完整的社会科学研究逻辑过程。通过该"科学环"可以看出,对于具体的社会科学研究来说,可以始于理论演绎,也可以始于对观察的归纳,只要论证充分严密,归纳科学完备就是一份好的研究。艾尔·巴比(Earl Babbie)也

---

① Walter L. Wallance, *The Logic of Science in Sociology*, New Jersey: Aldine Transaction, 1971, pp. 18 – 23.

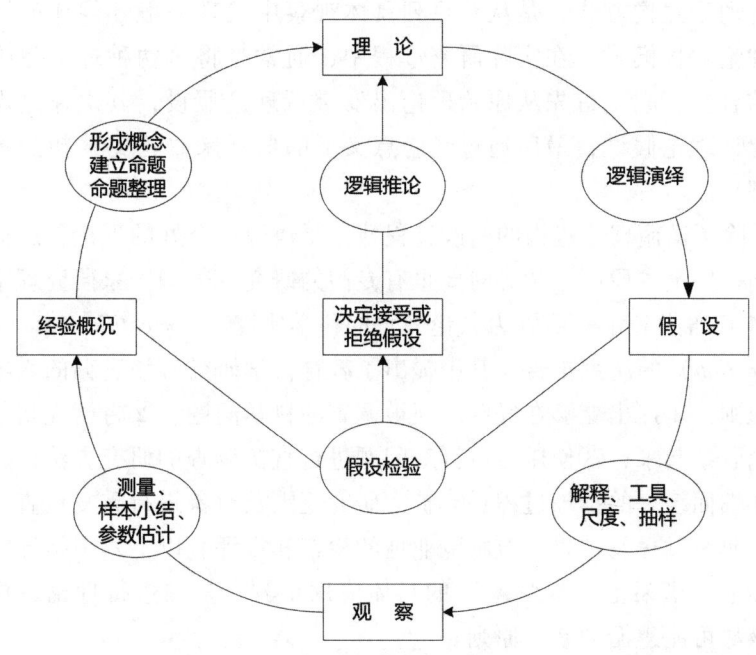

图1-1 华莱士"科学环"

认为,科学的两大支柱分别是逻辑(或理性)与观察。科学的理论用于描述事物间的逻辑,而研究提供证明事物间关系是否存在的手段,研究的关键在于观察。[①]

华莱士的"科学环"理论衍生出了两种理论建构方式,分别是演绎式理论建构与归纳式理论建构。演绎式理论建构是一种从一般到个别的理论建构方式,其通常需要研究者根据所选定的研究问题,尽可能地进行文献研究,根据文献研究结果初步建构理论,然后到实践中调查收集资料以验证所建构的理论。演绎式理论推理可以从一般理论或普遍法则出发来指导社会科学的研究,可以从抽象的理论推导出具体抽象的现象。归纳式理论建构是一种从个别到一

---

① [美]艾尔·巴比:《社会研究方法》,邱泽奇译,华夏出版社2009年版,第13页。

般的理论建构方式，是从一系列具体观察中发现一般性规律的探索性理论建构模式。在实际研究过程中，通常是将这两种理论建构方式结合在一起。首先从原始理论出发进行理论假设，其次通过观察来验证理论假设，最后通过经验意义上的概括来修正完善初始建构的理论。

除了遵循理论建构的一般过程外，要建构一个好的理论，还应该遵循一些基本原则，学界对此也有专门的研究。美国国家研究理事会2004年曾发表了一篇题为《论教育的科学研究》（Scientific Research in Education）的研究报告，其中提出了教育科学研究应该遵循的六项指导原则：①提出能够在经验层面被调查的科学问题；②将研究与相关理论联系起来；③使用可以针对问题进行直接调查的研究方法；④提供详细而统一的推理过程；⑤扩大研究范围及对象进行重复调查；⑥公开研究过程及结果，鼓励专业性的检查和批评。以上六项指导原则实际上是华莱士"科学环"的具体应用步骤，是在进行理论建构时应该尽可能遵循的基本原则。

本研究对双语教育绩效一般理论的建构采用了演绎式理论建构与归纳式理论建构相结合的方式，先从教育生产函数理论、双语教育理论及绩效技术相关理论，逻辑推演出双语教育绩效影响因素一般理论，然后通过对新疆中小学少数民族双语教育绩效的调查研究，建构新疆中小学少数民族双语教育绩效评价指标，在此基础上提出新疆中小学少数民族双语教育绩效改进措施。其中，新疆中小学少数民族双语教育绩效理论是对双语教育绩效一般理论的修正与完善。

第三节　研究范式选择

20世纪中叶托马斯·库恩（Thomas Samuel Kuhn）提出了科学研究中的"范式"理论，他认为范式是一种"科学共同体"所共有的信念。共有信念决定了"科学共同体"成员所共有的基本观点、理论及基本研究方法，并提供了共有的解决问题的基本框架和理论模型。从库恩关于范式的定义中可以看出，范式的核心是一系列的基本概念、基本假设和基本方法，不同范式的研究对象、研究问题及解决问题的方法并不相同。科学发展的过程就是范式演进的过程。

学者们从不同角度进行了教育研究范式划分，大致有三种划分角度。一种是从研究性质上，将教育学研究范式分为哲学（理论）研究范式和实证研究范式。其中哲学研究范式是基于描述的研究，本质上是从特殊到一般的归纳过程，通常表现为质性研究，而实证研究范式侧重于对事物的测量，也被称为定量研究。另一种是从发展历程的角度，将教育学研究范式划分为哲学—阐释范式、科学—实证范式和文化—理解范式。其中，哲学—阐释范式以哲学思辨方式对所研究现象进行思考，依据一定哲学观，对教育的理想状态或应然状态进行规划，具体实现方法为演绎法；科学—实证范式以实践和事实为研究对象，借助物理或数学工具来发现研究对象的规律；文化—理解范式以精神科学为基础，以"整体的人"为研究对象，采用体验和阐释相结合的整体思维方式进行研究。还有一种是从不同研究范式所依赖的哲学基础出发，认为教育研究同样遵循社会学研究的三种范式，分别为实证主义范式、解释主义范式和后实证主义范式。从哲学基础对研究范式进行划分的方法，确实包含了主要研究范式的大多数重点内容，因此本研究也采用这种研究范式划分方法，并对其进行详细阐释。

实证主义产生于19世纪30年代的英国和法国，普遍认为法国哲学家孔德（A. Comte）是实证主义的创始人，其最早将自然科学研究方法引入社会科学研究领域。实证主义是建立在一种现实主义和基础主义本体论之上的，它将世界看成是独立于对其的认知而存在的客观现实。实证主义者认为，就像自然世界一样，社会世界中也有模式、规律和因果。实证主义者通常将研究的重点放在了对社会研究的解释上，而不是对其的理解上。在实证主义研究范式的支持下，定量研究逐渐成了自然科学研究领域中的主导研究范式，并在很大程度上影响了社会科学领域的研究。在实证主义研究范式下存在着不同的研究视角，不同研究视角对理论在研究中发挥的作用有不同的看法。实证主义范式下的理性主义通常采用演绎法，将理论看作是用来整理、预测和解释事实的工具。① 在理性主义研究者看来，只有理论产生可被验证的假设时，这一理论才被认为是有用的。② 而实证主义研究范式下的行为主义者倾向于采用归纳法，从实证证据中推导出理论。在行为主义研究者看来，理论并没有被用于指导最初的研究，而是被用于记录观察到的数据以建构理论。③

解释主义也是一个非常具有概括性的术语，它涵盖了范围非常广泛的人类学观点。解释主义研究范式伴随着人本主义思想而兴起，社会学领域较早开始了解释主义研究范式的运用。解释主义研究范式是建立在反基础主义本体论立场上的，它认为世界并不是独立于认知而存在的，因此在社会学研究中，所谓客观的、与价值无关的研究是不可能的，因为研究人员是其自身主张、态度和价值观的综合体。解释主义者认为社会科学与自然科学是不同的世界，研究社会问题时需要使用与研究自然问题不同的方法。解释主义研究范式通常将研究重点放在对社会生活的研究意义上，着重于对世界的理解，而不是去解释社会世界中的因果关系，并强调语言在建构现实中的作用。解释主义范式的研究视角也非常广泛，包括结构主义、扎根理论等。解释主义者通常认为理论来源于数据收集，并不认为理论是研究的动力。解释主义者并不赞同使用演绎的理论，也不认同在实践中检验理论的观念，在他们看来理论是在数据中建立的。理论的作用在于，通过诠释人们在生活中的表现来帮助人们理解社会。④

后实证主义产生于 20 世纪 70 年代，通常也被称为批判现实主义，它是位于实证主义和解释主义之间的一种研究范式。它一直尝试在实证主义与解释主义之间搭建联系，从而将"为什么"（解释—与实证主义相连）与"怎么样"（理解—与解释主义相连）的方法结合在一起。后实证主义是对实证主义批判性的继承，它依然相信有一个

---

① Berth Danermark, *Explaining Society: Critical Realism in the Social Sciences*, London: Routledge, 2002, p. 116.

② C. Hay, *Political Analysis*, Basingstoke: Palgrave Macmilan, 2002, p. 39.

③ Ibid., pp. 41 – 45.

④ W. L. Neuman, *Social Research Method*, Oxford: Oxford University Press, 2000, p. 73.

客观存在，相信客观真理的存在，也就是说后实证主义范式与实证主义范式拥有同样的基础主义本体论，但其不同于实证主义极端绝对的客观主义观点，允许在研究中进行理解。后实证主义认为在因果解释方面，社会学依然可以使用与自然科学一样的研究方法，但需要通过解释性的理解来实现跨越。① 与解释主义相比，后实证主义不仅寻求理解社会世界，而且还要寻求解释社会世界。持后实证主义观点的人认为，现实是独立于人们思维的，科学研究的目的是逼近现实，但永远不可能真正穷尽现实。并且，逼近真实性的方法应该是多元的，定量研究方法和质性研究方法都可以采用。后实证主义研究范式所涉及的研究视角广泛，一般来说，后实证主义者倾向于使用理论来指导研究并解释研究发现。在后实证主义者看来，理论是对所观察现象结构和机制的描述，这种描述使得我们能够解释现象。②

我国教育学研究大多采用传统的人文社会科学研究方法，推崇思辨和演绎的研究方法，强调描述性研究，不太重视对各种关系的深入研究和研究设计的规范性。21世纪是多元化的时代，这就为多种教育研究范式的共存提供了发展前景。实际上各种研究范式并不是泾渭分明的，它们之间也并不是非此即彼的对立关系，很多优秀的研究都是发生在研究范式之间的连接区域内。③ 任何一种研究范式都可以运用不同的研究方法从不同方面进行研究。在教育学研究中，没有任何一种研究范式可以单独解决所有教育问题，尤其是交叉学科领域的研究问题。

当前教育领域也开始越来越多地关注教育投入产出、绩效评价及绩效责任等问题，促使人们越来越多地思考该如何解决教育领域的绩效问题。尽管对绩效技术能否适用于教育领域学术界目前仍有争议，但教育领域存在着绩效问题却是不争的事实。事实上有些研究已经进

---

① A. Sayer, *Realism and Social Science*, London: Sage, 2000, p.17.
② Berth Danermark, *Explaining Society: Critical Realism in the Social Sciences*, London: Routledge, 2002, p.120.
③ ［英］乔纳森·格里斯：《研究方法的第一本书》，孙冰洁、王亮译，东北财经大学出版社2011年版，第91页。

行了教育绩效相关内容的研究，但并没有明确指明是关于教育绩效的研究，因此有必要对此进行系统的研究。基于对三种研究范式的分析及所要研究的问题，本研究采用了后实证主义研究范式，首先以双语教育理论为基础，在后实证主义范式指导下，进行了双语教育绩效一般理论的研究；其次在该理论的指导下，提出对新疆中小学少数民族双语教育绩效及影响因素的研究假设；最后通过对新疆中小学少数民族双语教育绩效影响因素研究假设的验证，建构了新疆中小学少数民族双语教育绩效模型。通过对所建立的新疆中小学少数民族双语教育绩效模型的应用，本研究提出了新疆中小学少数民族双语教育绩效改进措施并建构了绩效评价指标体系。

第二章

教育绩效概念的界定

约翰·斯图亚特·穆勒（Johan Stuart Mill）曾经说过，从概念开始这是一种逻辑选择，因为对于建构理论命题来说，概念就是主要的建筑之物。① 概念包含着对于词语所指对象或现象的理论分析和经验分析。一个好的概念会描述出其所指对象的行为中非常重要的特性。同时，概念对于定量测量的设计与建构具有重要的方法论意义。本研究将试图通过对概念界定的路径进行分析，实现教育绩效概念的界定。

第一节 绩效概念界定的语义路径分析

语义路径分析最早是由萨托利（Giovani Sartori）提出的，它被大部分概念问题论述所采用，是一种更具文字和哲学化特征的概念分析方法。语义学认为，语言的核心特征是由它的语义属性所构成的，因此把握词的语义功能就是语义路径分析。

绩效是英文"performance"的汉译，来源于管理学领域。从现有的文献来看，学术界对绩效的定义不尽相同。对于绩效理解的差异，主要在于绩效所包括的范围不同。学术界在绩效的核心思想上的理解还是比较一致的，即基本认同绩效涉及行为过程与行为结果两个方

---

① ［英］约翰·斯图亚特·穆勒：《逻辑体系》，郭武军等译，上海交通大学出版社2014年版，第15页。

面。一般认为,绩效是由行为付出而引发的有价值的成就。①

绩效具有多重特点,学者们从不同角度对其特点进行了论述。刘美凤教授认为,绩效具有可测量性,将测量的结果与获得该结果所需付出成本进行对比是评价绩效的基本方法。并且,衡量行为的结果是否达到组织目标是评价绩效的关键。② 此外,绩效还具有动态性、多维性和多因性的特点。动态性是指绩效会随着时间的变化而变化。多维性就是指绩效应该从多个方面、多个角度去考察,只有这样才能取得客观的结果。多因性是指绩效会受到多种因素,包括外部环境、机遇、个人的技能和知识等诸多因素的影响。由此可见,绩效是可以测量的,并且绩效测量时应该考虑到不同时间、主体及条件对绩效测量所带来的影响。

关于该如何测量绩效,芬维克(Fenwick)提出的3E标准在实践中被广为采用。3E标准就是指绩效测量应该包括经济(economic)、效率(efficiency)及效益(effectiveness)三个方面。③ 其中,经济主要考察投入与成本的关系,主要关注支出是否节约。效率主要考察投入与产出的比例,主要关注投入是否有效合理。效益主要考察产出与预期目标的关系,主要关注预期目标的达成程度。经济、效率与效益之间的关系如图2-1所示。

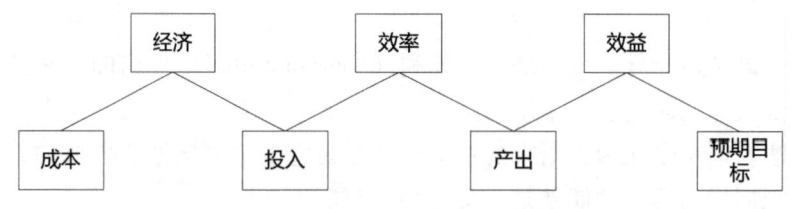

图2-1　经济、效率与效益构成要素关系④

---

① Horold D. Stolovich, Erica J. Keeps, *Handbook of Human Performance Technology* (2rd ed.), San Francisco: Jossey-Bass Pfeiffer, 1999, p. 7.
② 刘美凤、方圆媛编:《绩效改进》,北京大学出版社2011年版,第8页。
③ 蒋云根、金华:《发展中的公共行政》,东华大学出版社2011年版,第131页。
④ 财政部《财政监督》课题组编著:《财政监督》,中国财政经济出版社2003年版,第274页。

从图 2-1 可以看出，通常意义上来说，绩效的测量应该能够体现出成本、投入、产出与预期目标四个要素。具体环境下的绩效关注点不同，其构成要素也不完全相同。如在教育领域就很少考虑培养一个人是否节约的问题，因为很难界定培养出一个合格人才所需要的合理投入，所以教育绩效的测量通常只考虑效率与效益，而不必考虑与节约紧密相关的经济性问题。

第二节　教育绩效概念界定的必要与充分路径分析

长期以来，基于亚里士多德必要与充分条件去建构概念的原型被广泛使用，一直是概念及其定义的标准路径。必要与充分条件原型结构在哲学上与现象的本质主义观点相联，同时数学上与两价逻辑学联系在一起，通常认为，逻辑上的"与"（AND）代表了必要与充分条件结果。在这种哲学逻辑中，定义概念，就要给出其必要与充分条件，以此来考察某个事物是否符合这种分类。概念结构是至关重要的，多数概念都是多维度和多层次的。每一个必要条件都是第二层次的维度，而将第二层次的各种维度聚集在一起就形成了基本层次的凝聚力。

教育是有组织的活动行为，其必然会产生一定的结果。如果这种结果是有价值的，那么就产生了教育绩效，并不是所有的教育活动都会产生教育绩效，只有有价值的教育活动才会产生教育绩效。教育绩效是近年来出现的新名词，学界目前对教育绩效内涵还没有统一的认识。教育绩效这一概念，最早是由美国教育界在 20 世纪 70 年代提出的。当时美国教育水平低下，毕业生水平不能满足社会需求。因此，在美国人看来，教育绩效就是培养出来的学生的素质和质量，用英文表示为 Student Achievement。查阅文献可以发现教育绩效与教育绩效评价及教育绩效责任密不可分，因此研究教育绩效就必须对教育绩效评价与教育绩效责任进行系统的文献梳理。本节从教育绩效评价、教育绩效责任与教育绩效概念三个方面进行文献研究，以期深化对教育绩效内涵的理解及如何实现教育绩效测量和评价的认识。

一 源于教育绩效评价研究的必要与充分路径

早在20世纪70年代，随着教育的普及，社会对教育资源的需求在不断增加，教育领域也开始借鉴绩效管理的思想来进行教育资源的分配，一些发达国家开始将绩效评价作为促进教育质量提高和效益提升的重要手段。

1. 美国教育绩效评价

美国最早开始实施高等教育绩效评价，其高等教育评价体系相对比较稳定成熟。1978年，美国田纳西州率先在高等教育领域开始推行绩效评估制度，至今已经实施了八轮，田纳西州高等教育委员会在其官网上公布了八次高等教育绩效评估标准。虽然田纳西州每轮绩效评价实施的具体评价指标会有所变化，但其核心指标架构并没有发生根本性变化。大体来看，其核心指标分为六大类，分别为专业达标性评价（包括专业认证、专业检查及硕士专业检查）、标准化考试和职业认证（包括通识教育测评和专业教育测评）、满意度（包括满意度调查、学生转学和交接情况）、教育质量提升措施（包括质量提升措施、学校战略计划和目标、评价实施情况）、政府导向（包括战略计划和目标、学生入口和出口质量）、学生保持情况（包括学生返校和保持、学生注册情况）。[①] 上述评价指标中，教育质量提升措施和政府导向体现教育资源投入情况，专业达标性评价、标准化考核和职业认证、满意度及学生保持情况体现教育产出情况。该评价指标体系是针对高校教育质量的发展性评价，各学校绩效评价结果的对象并不是其他高校，而是与本校上一轮评价结果进行纵向的比较，绩效评价的分值代表绩效进步情况。

美国基础教育绩效评价实施相对较晚，1993年美国国会颁布的《政府绩效与结果法案》，要求对中小学进行改革，并开始实施严格的以学生学业考试为基础的基础教育财政支出绩效评价制度。美国基

---

① 张松、张国栋、杜朝辉：《美国田纳西州高等教育绩效评估体系的历史演变及启示》，《清华大学教育研究》2014年第6期。

础教育评价指标通常由学生学习情况（包括学业进步与一般发展）、家长满意情况（包括对学校的支持与信心）、教师满意程度（包括实际工作绩效、条件和态度等）及投入（包括财务规划与行政效率）四个方面的指标构成。该绩效评估指标体系的实施标志着美国基础教育绩效评价开始由"过程评价"转向"结果评价"。

总体来看，美国高等教育和基础教育评价指标体系建立的宗旨是通过绩效拨款的方法，使各类教育投入能更好地体现出公平和效率的原则，并且绩效评价指标体系均由涉及投入和产出的指标构成。

2. 英国教育绩效评价

与其他很多国家一样，英国教育绩效评价研究源于经济与管理领域，最初只是部分学者所进行的一种研究活动。经过学者们不断地努力，逐渐从高等教育领域拓展到其他教育领域，并被广泛地运用于整个教育实践活动中。

英国高等教育绩效评价起源于20世纪70年代，而对绩效评价的广泛研究始于1979年英国高等教育研究委员会召开的以"绩效评价"为主题的年会。此后英国高等教育领域发生了一系列的变革，绩效评价的思想与政策不断得到强化与发展。1984年英国大学校长委员会通过了著名的《贾勒特报告》，报告中明确指出应该制定一套包括投入和产出的绩效评价指标，以供大学内部和大学间进行比较，并以此作为资源分配的重要依据。英国高等教育绩效评价指标体系经过不断修改，到1999年已经形成了比较稳定的绩效评价指标体系。该评价指标体系由困难群体入学指标（包括全日制普通高等教育入学情况）、困难群体入学指标（包括全日制成人和所有非全日制学生入学情况）、入学后第一年的辍学率、辍学后的复读率、预期的学业成果和学习效率、模块课程完成率、获得残疾补助金的学生入学情况、毕业生就业指标和科研成果（包括州成本中心加权统计后的年度科研投入与产出，培养的博士数、获得的科研经费和合同等）。[①] 该指标体

---

① 阚阅：《当代英国高等教育绩效评估研究》，高等教育出版社2010年版，第114—127页。

系得到了社会各界广泛的认可，至今仍然在使用。

20世纪80年代初，英国政府专门成立了"雷诺评估小组"进行义务教育阶段的绩效评价。1988年英国议会通过了《教育改革法》(The Education Reform Act)提案，要求对基础教育实施绩效评价。经过不断地修正，英国已经形成了相对稳定的基础教育绩效评价指标体系。该评价指标体系由学业成绩（包括英语、数学和科普）、出勤率及职业资格测试结果三部分组成。①

总体来看，英国教育绩效评价的目的是在实现教育资源有效分配的前提下提高教育质量，在评价指标选择时除了强调投入和产出外，在产出方面还特别强调对学生学业情况的全面评价。

3. 我国教育绩效评价

我国教育绩效评价研究在借鉴国外成果经验的基础上，取得了比较快的发展，但总体来看，我国教育绩效评价研究尚处于理论探索和项目试点阶段。

2009年我国中央教育科学研究所发布的《高等学校绩效评价报告》②首次对教育部直属72所高校进行了绩效评估，这是我国借鉴西方发达国家教育绩效评价的理念、技术和方法，结合我国高等教育实际情况，对我国高等教育支出绩效评价进行的试点。我国高校绩效评价指标体系的建构基于"投入—产出理论"，其目的是要考察高校资源利用效益。该评价指标体系由人力投入、财力投入、物力投入、教学产出、科研产出及社会服务6个一级指标构成。其中人力投入指标包括教职工总人数、博士学历教师人数比例、副高及以上人数比例、科研人员数共4个二级指标；财力投入指标包括教育经费、科研经费和其他经费拨款共3个二级指标；物力投入指标包括本年度完成基础建设投资、实验室面积、图书馆面积、教室面积及图书册数共4个二级指标；教学产出指标包括在校学生数、留学生数共2个二级指

---

① 任晓辉：《中国义务教育支出绩效评价研究》，复旦大学出版社2010年版，第175页。

② 中央教育科学研究所高等教育研究中心：《高等学校绩效评估报告》，《大学》（学术版）2009年第11期。

标;科研产出指标包括发表论文总数、专著数、百篇优秀博士论文数、国家最高科学技术奖特等奖数、国家三大科技奖一等奖数及二等奖数、省部级科研成果奖数、国家级项目验收数及鉴定成果数共9个二级指标;社会服务指标包括专利出售当年实际收入及技术转让当年实际收入共2个二级指标。① 虽然部分学者对该指标体系过分偏重高校在科学研究中的作用而忽视了其在教学中的作用表示异议,但该指标的试行为我国高等教育绩效评价开了先河。

在借鉴了世界经济合作与发展组织(OECD)、联合国教科文组织及美英等国家基础教育绩效评价指标体系的基础上,结合我国义务教育发展的实际,我国建构了一套完整的基础教育财政支出绩效评价指标体系,并已经在江苏、福建等省份开始试行。该指标体系框架包括基本情况、教育条件、教育投入和教育产出与结果共4个一级指标构成。② 其中,基本情况由地域面积、人口密度、学校规模和区域经济发展4个二级指标构成;教育条件由教育场地、教育房舍、设备与设施3个二级指标构成;教育投入由课程设置、学生、教师及教育经费4个二级指标构成;教育产出与结果由普及程度、学业成就、毕业生、学生综合素质、设备设施利用情况及社会效果6个二级指标构成。17个二级指标又分解为62个三级指标。从中可以看出,该指标体系是以结果为导向建立起来的,并力图体现出绩效所要求的效率与效益。

总体来看,虽然我国关于教育绩效评价的系统研究还不多,实践方面还处于试点阶段,但近年来我国学者在教育绩效评价的研究理念与方法上都取得了较大的突破,在实践方面也进行了大量的探索性研究。

通过上述分析可以看出,各国教育绩效评价指标并不完全相同,但总体来说指标选择的框架依据基本相同,都力图体现出教育投入与

---

① 上海市教育评估院编写:《高等教育绩效评估研究》,高等教育出版社2012年版,第54—55页。
② 任晓辉:《中国义务教育支出绩效评价研究》,复旦大学出版社2010年版,第225页。

产出方面的关系。并且教育绩效评价实施的关键在于教育投入和产出指标的合理量化,而教育投入和产出指标的量化与评价对象与目标紧密相关。因此绩效内涵的界定必须依据不同的评价动机、原因及所关注的重心选择投入与产出的具体内容。

二 源于教育绩效责任研究的必要与充分路径

教育绩效责任的思想最早可追溯到2300年前的柏拉图,柏拉图建议家长为了解子女的学习情况应该对子女予以评价,为了促使教师对教学负起责任,要求教师定期提交教育报告。① 现代教育绩效责任概念产生于企业管理领域对科学管理及效率的关注。教育绩效责任最早由欧美一些国家在20世纪70年代开始实施,其初衷是要提升教学效能以保证教育目标的实现。从1999年克林顿政府《学校绩效责任法》的公布,到2002年布什总统《不让一个孩子落后》法令的签署,如何提高教育绩效已经成为美国政府的主要工作之一。

我国台湾学者吴清山等认为,绩效责任的内涵非常复杂,广义上教育绩效责任就是教育机构及其相关人员和学生负起自身教育和学习成败的职责,狭义上教育绩效责任就是教育机构及其相关人员(包括教育行政机关、教育政策制定人员、学校、学校行政人员、教师和家长)负起学生学习成败的职责。② 由此可见,教育绩效责任是与教育效率、效果和评估密切相关的概念,其要求通过有效的方式证明教育行为取得了预期的结果和绩效。教育绩效的基本特征是关注效果与效率,注重结果与产出。

学者们对教育绩效责任的有效性进行了大量的研究。美国学者伯克(Joseph C. Burke)等从1997年至2003年为期7年对美国多个州的调查表明,只有个别州在实施教育绩效责任之后其教育绩效有较好表现,而绝大多数州在实施教育绩效责任后其教育绩效表现没有任何

---

① S. J. Bennett, *Empowering Teacher Empowering Leadership: A Muti-site Case Study of School Restrucruring and Accountability for Student Achievement*, University of San Diego, Ph. D. Dissertation, 1997.

② 吴清山、黄美芳、徐纬平:《教育绩效责任研究》,九州出版社2006年版,第1页。

第二章　教育绩效概念的界定

改变。赫恩（J. C. Hearn）等对明尼苏达大学的研究表明，在实施了8年教育绩效责任制度之后，没有证据表明该制度对学校绩效表现有任何影响。①

对于教育绩效责任制的构成要素，学界有不同的观点。弗瑞德·纽曼（Fred Newmann）等②认为，完整的绩效责任制应该由组织绩效信息，学校办学成功的评价标准，对学校办学业绩的奖惩，获得组织信息，评价组织达标情况的奖惩机构四要素构成。美国南部教育委员会（The Southern Regional Education Board）认为，教育绩效责任制应该由建立严格的课程内容标准、评价学生学业进步情况、结合内容标准和评价结果进行专业发展、向社会公布评估结果、根据评估结果进行奖惩及协助等5个要素构成。吴清山③认为，教育绩效责任是多层面的，教育绩效责任制应该由明确的学校目标、有价值的课程内容、学生学业成就、教师专业发展和学校经营适应力等要素构成。总体来说，教育绩效责任制应该与标准、评价和结果紧密联系。

测试是将标准付诸实施的工具，是评价的基础。有学者对该如何测量教育绩效责任进行了研究。美国教育协会（Education Commission of the States）在1999年曾经指出，一个完整的教育绩效责任系统应该包括标准与评价、多重指标、奖励与惩罚等4项基本要素。其中的多重指标系统用于衡量学生及学校教育的绩效，包括学生成就、出勤率、毕业率等。④ 邱白莉⑤在分析了美国教育绩效责任制发展过程后，认为教育绩效责任存在的基础是标准，而教育绩效责任实施的手段是

---

① J. C. Hearn, D. R. Lewis and L. Kallsen, el., "Incentives for Managed Growth: A Case Study of Incentive-based Palanning and Budgeting in a Large Public Research University", *Journal of Higher Education*, February 2006, pp. 286–316.

② F. Newmann, B. King and M. Rigdon, "Accountability and School Performance: Implications from Restructuring School", *Harvard Educational Review*, January 1997, pp. 41–74.

③ 吴清山：《学校绩效责任的理念与策略》，《学校行政》2000年第6期。

④ 吴清山、黄美芳、徐纬平：《教育绩效责任研究》，九州出版社2006年版，第51页。

⑤ 邱白莉：《当代美国中小学教育绩效责任探析》，中山大学出版社2003年版，第157—160页。

测验与评价。总体来说，有两种落实测验的方法。一种是"青出于蓝"法（cohort-to-cohort gain），① 这种方法是将学生的表现与上一届学生的表现相比较，教育者的绩效责任在于保证每一届学生的表现都比上一届的表现要好。美国1999年颁布实施的《加州公共学校绩效法案》（California's Public Schools Accountability Act）就是基于"青出于蓝"法进行绩效责任测验的。另一种是"年度适度进步"法（adequate yearly progress），这种方法是将学生的表现进行纵向比较，是将学生今年的表现与其上一学年的表现相比较，教育者的绩效责任在于保证每一个学生今年的表现比去年好。布什政府提出的《不让一个孩子落后》法案中就是以"适度年度进步"法来作为衡量学校和学区教育绩效责任的机制。

此外，实施教育绩效责任制后对教师的影响也是研究者关注的问题之一。玛丽莲·科恩（Marilyn Cohn）和罗伯特·寇特坎普（Robert Kottkamp）② 通过对大量教师的访谈发现，实施绩效责任制后，教师承受了巨大压力，教师传统职业地位和工作方式已经被颠覆。丹尼尔·杜克（Daniel L. Duke）③ 通过对美国各州教师案例的分析发现，通常的绩效评价手段对教育质量提高的程度有限，并且会在一定程度上限制教师专业成长的能动性，因此他认为教师在承担绩效责任的时候应该被予以更大的专业自主权及其他相关权利。饶见维认为教师所承担的教育绩效责任在一定程度上与其专业自主权存在着冲突，应该采取相应措施协调二者之间的关系。④

由上述关于教育绩效责任的文献研究可以看出，国内外学者对教育绩效责任进行了较为系统的研究，从中可以看出，教育绩效责任是

---

① Daniel F. McCaffrey, Daniel Koretz, J. R. Lockwood, Laura S. Hamilton, *Evaluating Value-added Models for Teacher Accountability*, New York: RAND Corporation, 2003, pp. 15 – 16.

② Marilyn M. Cohn, Robert B. Kottkamp, *Teachers: The Missing Voice in Education*, New Yourk: State University New York Press, 1993, pp. 123 – 128.

③ Daniel L. Duke, *Teacher Evaluation Policy: From Accountability to Professional Development*, New York: State University of New York Press, 1995, pp. 35 – 64.

④ 饶见维：《教师专业发展：理论与实务》，台北五南图书出版有限公司2005年版，第36—38页。

与教育效率、效果和评估密切相关的概念，其要求通过有效的方式证明教育行为取得了预期的结果和绩效。教育绩效的基本特征是关注主体行为的效益与效率，注重结果与产出。产出通常表现为学生的发展情况，其中利用"青出于蓝"法和"适度年度进步"法来实现对教育绩效的测量，使得对教育绩效的测量落到了实处，这两种方法值得本研究参考借鉴。

三 源于教育绩效概念研究的必要与充分路径

通过对教育绩效评价与教育绩效责任这两个路径分析，可以看出需要从教育目标、教育投入产出及对绩效理解三个不同角度，对教育绩效内涵进行必要与充分路径的分析。

部分学者从教育目标实现的角度来定义教育绩效的内涵。殷雅竹、李艺认为，教育绩效是在一定的教育目标指导下，教育目标实现程度、教育资源配置及教育过程安排等的综合反映。① 可以看出，殷雅竹、李艺的定义试图涵盖教育的整个过程，包括教育的输入（教育资源的配置）、中间过程（教育过程安排）及结果（教育目标）。此定义被我国学界广泛引用，但存在的突出问题是淡化了绩效的特征，只体现了绩效中所要求的效益，没有体现出效率。冯增俊等人对上述定义进行了改进，他们认为，教育绩效应该包括实现教育目标的速度、程度及资源的有效分配。② 可以看出，冯增俊等的定义中省去了教育过程安排这一中间环节，力图强调教育行为与结果，这一点符合绩效的本质特征——强调行为的结果。其定义中的问题在于对教育目标实现速度的强调，我们知道教育效率中最重要的是投入产出比，而不是速度。此外，强调教育资源的有效分配并不能体现出教育行为的效益。因此，本研究认为，以上两个定义还有待斟酌，值得借鉴之处在于，界定教育绩效的时候，应该考虑到教育目标的实现程度。

部分学者从教育投入产出的角度来定义教育绩效内涵。李文长认

---

① 殷雅竹、李艺：《教育绩效评价》，《电化教育研究》2002年第9期。
② 冯增俊、陈时见：《当代比较教育学》，人民教育出版社2008年版，第380页。

少数民族中小学双语教育绩效研究：基于新疆的调查

为，教育绩效就是狭义上的教育活动经济效益，是教育活动的效益，本质上表现为教育投入与产出的比例关系。①李文长的定义直接将教育绩效等同为其经济效益，忽视了绩效的效率问题。温涛等认为，教育绩效是在给定的经济基础和技术效率前提下，教育资源是否得到了合理的配置，使其最大限度满足农村经济社会发展需要。②温涛等人的定义力图涵盖绩效所要求的效率、有效性及效益，但存在的突出问题是过于宽泛，使得绩效测量变得非常困难。王肃元等人认为，教育绩效是教育学中各项指标达标的情况。③王肃元等人的定义将教育绩效等同为各项教育指标，也过于宽泛。以上研究值得借鉴之处在于，界定教育绩效时应该考虑到某些教育经济指标的达标程度，并从效率及效益方面进行考察。

部分学者从对绩效理解的角度来定义教育绩效内涵。邱白莉认为，教育绩效是教育领域的个人或组织在实施教育过程中的效率和效能。④邱白莉的定义强调教育绩效是由教育活动中的组织绩效与个人绩效构成的，对教育绩效主体的划分值得借鉴。傅维利认为，教育绩效是教育的效果及业绩，在宏观意义上是指人才培养质量，在微观意义上是指教育效果与师生之间的和谐程度。⑤傅维利的定义直接将教育绩效等同为教育质量、教育效果与师生之间的和谐程度。以上研究值得借鉴之处在于，界定教育绩效时应该考虑到教育绩效分为不同主体的绩效，并且绩效不仅应该考虑到学业成就，而且应该考虑到其中的情感态度价值观。

结合以上三个角度对教育绩效的定义，本研究认为，教育绩效是在一定教育投入下，教育领域个人或组织在教育实施过程中其行为对

---

① 李文长：《高校资源配置模式与绩效》，北京师范大学出版社2011年版，第4页。
② 温涛、宋乃庆、王煜宇：《中国西部农村教育与经济协调发展》，西南师范大学出版社2009年版，第199页。
③ 王肃元、姚万禄、付泳：《当代中国农村教育发展研究》，兰州大学出版社2006年版，第336页。
④ 邱白莉：《当代美国中小学教育绩效责任探析》，中山大学出版社2003年版，第24页。
⑤ 傅维利：《教师职业道德教育指南》，高等教育出版社2002年版，第10页。

教育目标实现的贡献程度。在此定义中,强调教育绩效分为不同主体的绩效,教育目标实现的贡献程度由教育产出与预期目标之比构成,从中可以体现出教育的效益,一定教育投入是投入与产出比,体现出了教育的效率。此定义很好地将教育目标、教育投入、教育产出结合起来,并且体现出了绩效所要求的效率和效益,而且将教育绩效分为个人绩效与组织绩效,有助于强化对教育绩效内涵的理解。

第三节　小结

通过对绩效概念的语义路径分析和教育绩效概念界定的必要与充分路径分析,本研究重新界定了教育绩效内涵,认为教育绩效是在一定教育投入下,教育领域组织或个人在实施教育过程中其行为对教育目标实现的贡献程度。教育绩效的测量应该体现出教育这一行为结果的效率及效益。

通过对国内外教育绩效评价与教育绩效责任的文献研究,本研究发现要实现对教育绩效的测量,必须首先明确教育绩效的主体。通过对教育绩效责任相关文献的研究可以看出,虽然教育绩效责任有不同的主体,对学生而言一般称为学生学业成就(student achievement),对教师一般称为教师绩效(teacher's performance),对学校一般称为学校改进(school improvement),但最终教育绩效的表现形式为学生的学业进步,此处的学业进步是一个广义的概念,它不仅仅包括学生学习成绩的进步。通过对教育绩效评价的文献研究可以看出,教育绩效不仅要体现出学生的发展情况,而且要体现出投入产出之间的关系。通过对教育绩效评价与责任的文献研究,进一步深化了对教育绩效内涵及其测量方法的理解。

第三章

双语教育绩效概念的界定

虽然概念是各种理论的核心,然而,大部分研究者对于社会科学概念本身的关注却微乎其微。加里·戈茨(Gary Goertz)的第二定律就认为,对概念的关注程度与对定量测量的关注程度成反比。[①] 在社会科学研究领域中存在着一个不争的事实,定性研究者主要关注概念等涉及实体性的问题,而定量研究者则集中于研究测量、指标、信度以及与产生最优化测量有关的其他问题。本研究将试图在教育绩效这一问题上跨越定性研究者与定量研究者之间的裂痕,实现双语教育绩效概念的界定。

第一节 相关概念与关系的阐释

一 双语现象、双语与双语者

双语现象和双语在英文中都被称为"bilingualism"。自从有了操不同语言人的相互接触,就有了双语现象。虽然在人类社会的早期就已出现了双语现象,但直到20世纪初,才出现了双语这一概念。通常认为,双语最早由法国心理学家爱泼斯坦(I. Epstein)在1915年出版的《思

---

① [美]加里·戈茨:《概念界定:关于测量、个案和理论的探讨》,尹继武译,重庆大学出版社2014年版,第19页。

维和多语》一书中提出。① 关于双语的定义目前学术界还没有共识,唯一的共识是双语与双语现象很多时候可以通用。根据《朗曼语言学词典》,双语是指个人或某一地区或民族的群体至少使用两种语言的现象。② 我国学者盖兴之认为,双语是个人或社会使用两种语言的现象,尤其指少数民族使用主体民族语言的现象。③ 在本研究中,双语就是指双语学生用少数民族语言与国家通用语(汉语)的现象。

关于何谓双语者也是争论的焦点问题,争论的焦点在于双语者对第二语言应该掌握到何种程度。根据《朗文语言教学与应用语言学词典》中的定义,"Bilingual is a person who knows and uses two languages"。即,双语者是能够掌握并使用两种语言的人。西班牙语言学家戴博德(Diebold)认为,即使只会背出字典上的一些单词和短语的旅游者也算是双语者,称为最低双语者。与此相反,美国语言学家布鲁姆·菲尔德(Bloom Field)认为像本族语一样地掌握两门或更多的语言的人,称为最高双语者。事实上,要确定一个人的第二语言掌握到什么程度可以算作双语者的界限是很困难的,这要依据对双语者进行划分的目的而定。

二 双语教育与双语教学

双语教育(Bilingual Education)是一种非常复杂的现象,形式繁多。威廉·麦凯(William F. Mackey)和梅格尔·西格恩(Miguel Siguan)的研究表明,在五千多年前双语教育的雏形就出现了。④ 一般认为,双语教育的系统研究始于1929年在卢森堡举行的首次国际性双语教育专门会议。

---

① 何俊芳:《中国少数民族双语研究历史与现实》,中央民族大学出版社1998年版,第202页。
② Jack Richard 等:《朗曼语言学词典》,刘润清等译,山西教育出版社1993年版,第45页。
③ 盖兴之:《双语教育原理》,云南教育出版社2002年版,第3页。
④ [加] W. F. 麦凯、[西] M. 西格恩:《双语教育概论》,严正、柳秀峰译,光明日报出版社1989年版,第8页。

《朗文语言教学与应用语言学词典》中指出，双语教育是指学校采用第二语言或外语教授主课。① 美国在其 1969 年颁布的《双语教育计划原则草案》中指出，双语教育就是用两种语言进行授课，也就是说在各门课程的教学中都使用两种语言。② 威廉·麦凯和梅格尔·西格恩在合著的《双语教育概论》中认为，双语教育是以两种语言作为教学媒介的教育系统，其中的一种语言通常不是学生的母语。③ 由此可见，双语教育是一种特殊形式的教育，其特殊性在于使用两种语言授课。

双语教学（Bilingual Teaching and Learning）是指用第二语言讲授专业知识。④ 双语教学的目的是在不影响专业学习的前提下，提高学习者运用第二语言的能力，特别是其认知学术语言能力。

由此可见，双语教育并不能简单等同于双语教学，双语教育是双语教学的上位概念，双语教育包括双语教学。双语教育是一种教育体制和教育系统，它涉及不同教学模式及与其相关的教学计划、课程安排、教学选择等一系列问题。而双语教学并没有涉及教学以外的其他因素。本研究中新疆中小学少数民族双语教育绩效影响因素的研究，是关于新疆中小学少数民族双语教育这一行为对双语教育结果贡献程度影响因素、影响因素之间的关系及作用机理的研究，而不是指具体的双语教学行为。

第二节　双语教育绩效概念的界定

一　双语教育评价的维度和指标分析

学者们从理论与实践两个层面对双语教育评价进行了研究，理论

---

① ［英］理查兹、施密特：《朗文语言教学与应用语言学词典》，外语教学与研究出版社 2003 年版，第 51 页。
② 陈琴：《双语教育的本质与价值探析——兼论当前我国儿童双语教育中存在的问题》，《当代教育科学》2006 年第 8 期。
③ ［加］W. F. 麦凯、［西］M. 西格恩：《双语教育概论》，严正、柳秀峰译，光明日报出版社 1989 年版，第 94 页。
④ 黄崇岭：《双语教学的理论与实践》，上海译文出版社 2009 年版，第 24 页。

层面主要研究双语教育评价体系构建问题，实践层面主要是各国双语教育评价的经验介绍。

(一) 双语教育评价的理论研究

评价中非常重要的环节就是评价指标如何确定、选用怎样的评价方法来确定指标的权重。对双语教育评价的目标不同，将会导致不同的评价体系。国内外研究者分别依据其绩效目标，对双语教育评价进行了研究。

1. 从双语教育效果维度进行的研究

科林·贝克认为，可以从语言达标程度、语言态度、融入社会与文化程度、对学习单元或双语的偏爱、长期效果（如文化参与、家庭语言）等几个方面对双语教育进行评价。

卡明斯认为，评价双语教育的结果可以从两个方面展开，一方面是认知、学术、语言方面，另一方面是情感方面。[1]

谢巴德（Shepard）认为，一个公正的评价框架应该整合语言水平和内容能力两个维度。双语教育结果应该被看作是与语言认知相关的连续统一体，因此，语言评估的时候应该考虑在这个连续统一体中学生的状况。[2]

斯波尔斯基（Podolski）认为双语教育的效果包括双语能力、双语文化、自尊、就业成功等。对双语教育效果的期望不同，效果的侧重点也会不同。[3]

约翰·A. 巴格斯（John A. Buggs）认为，对双语教育的评价主要包括：对学生双语水平与非言语学业成绩过渡期间的进步程度的评价；对双语教育计划自身可行性的评价。[4]

---

[1] Colin Baker, Nancy Hornberger, *An Introductory Reader to the Writings of Jim Cummins*, Cleveton: Multilingual Matters Ltd, 2001, p. 85.

[2] Garc I A, O., *Bilingual Education in the 21st Century: A Global Perspective*, Wiley: Wiley-Blackwell, 2011, p. 369.

[3] ［以］伯纳德·斯波尔斯基：《第二语言学习的条件》，上海外语教育出版社 2006 年版，第 153 页。

[4] John A. Buggs, *A Better Chance to Learn: Bilingual Bicultural Education*, New York: United States Commission on Civil Rights Clearinghouse Publication, 1975, p. 20.

从对上述观点的综述可以看出，学者们对双语教育的评价不仅考虑到了对学习结果的评价，主要是双语学生的语言、认知及情感发展情况，还考虑到了其所产生的社会影响，这无疑拓展了双语教育评价的内容。

2. 从评价对象与内容的维度进行的研究

威廉·麦凯和梅格尔·西格恩[①]认为，双语教育评价的对象和内容主要集中在：语言目标评价，即学生的知识与两种语言或多种语言运用熟练程度的测评；学术目标评价，双语教育必须验证它由能力达到预期的学术目标；文化与社会目标评价，即社会文化水平、学生和教师对双语教育的态度、社会文化与社会语言环境等方面的评价。

约翰·A. 巴格斯[②]认为，双语教育的评价应该包括五个方面：对学生双语技能及各科学业成绩的评价，即学生参与双语教育前后的听、说、读、写综合能力的比较评价与各科学习成绩的评价；对学生的性向评价，即学生参与双语教育的积极性、对双语教育的态度及价值取向等方面的评价；对双语教师的评价，即对双语教师的专业素养、教学方法、教学机制等的评价；对影响双语教育结果的各种社会因素的评价，即对社会政治文化语言环境、双语教育资源的利用及家长的支持等各种因素的评价；对双语教育计划本身的评价，即对双语教育计划自身的可行性等进行评价等。

斯万与拉普金[③]认为，双语教育评价的对象与内容应该涉及三个方面的内容：对学生学业成绩的评价，包括对学生双语能力及学业评价；对双语教育计划的评价，即评价双语教育计划的可行性；对学生智力与认知水平发展的评价，主要用于了解双语教育是否有助于学生的学业、心智的全面发展。

---

① Miguel Siguan, William F. Mackey, *Education and Bilingualism*, London: Koganpage Ltd., 1987, pp. 121 – 126.

② John A. Buggs, *A Better Chance to Learn: Bilingual Bicultural Education*, New York: United States Commission on Civil Rights Clearinghouse Publication, 1975, pp. 103 – 105.

③ Merrill Swain, Sharon Lapkin, *Evaluation Bilingual Education: A Canadian Case Study*, Clevedon Multilingual Matters Ltd., 1985, pp. 16 – 30.

奥格斯特（Augustus）和哈库特（Hakute）对语言和文化不同的学生取得较高的学业成绩进行研究后，提出一个对学校和教师的综合性评价的体系。这一体系包括：①一个有助于学习的学校氛围；②学校领导权；③一个已形成的学习环境；④内外的联系和合作；⑤在教学中运用本土语言和文化；⑥一个包括基本和高要求技能的平衡的课程安排；⑦明确的技能指导；⑧提供对学生直接指导的机会；⑨运用有效的方法增强学生的理解；⑩实践的机会；⑪对学生全面系统的估计评价；⑫教师自身的提高；⑬家庭和价值的参与。

王丽颖[①]在其博士论文《双语教育比较研究》中认为，双语教育评价对象与内容包括：双语教育的受益者——学生群体对双语教育的态度、兴趣与积极性、双语综合运用能力、非语言学科的学业成绩、智力的开发、认知水平的提高、非智力因素等方面的发展；双语教育的实施者——双语教师群体的双语教育专业素养与教学综合能力；双语教育实施过程中的各种中间要素——社会政治因素、双语教育物质资源等对双语教育产生影响的各种因素。

通过以上文献的梳理可以看出，已有研究中双语教育评价对象不仅包括学生、教师与学校，还包括对双语教育安排与计划的评价，这一结论扩展了双语教育评价的主体，使得对双语教育的评价主体不再仅限于双语学生。

从以上分析可以看出，已有研究中双语教育评价对象不仅包括学生与教师，还包括对教学计划安排等的评价，在一定程度上丰富了绩效内涵。教育绩效评价方法已经从单纯结果的评价，转向了对行为的评价。但对行为的评价中，没有很好地体现到行为的变化和为只有行为的付出情况。已有研究中对绩效评价对象的扩展和对行为的评价都值得借鉴，但其问题也是很明显的，没有体现出行为付出的效益与效率。

（二）双语教育评价实践

1. 加拿大双语教育评价研究

加拿大在开始推行法语浸入式双语教育之初，学生家长及教育者

---

① 王丽颖：《双语教育比较研究》，博士学位论文，华东师范大学，2004年，第145页。

都有如下担忧：浸入式双语教育是否会影响学生的母语水平？浸入式双语教育是否能提高学生的法语水平？学科教学的质量是否能够得到保证？家长与教育者所担忧的这三个问题也是评价浸入式双语教育是否成功的三个最重要的标准。多年来，加拿大语言研究者和教育工作者就是围绕这三个问题来评价浸入式双语教育。

　　加拿大非常重视对双语教育的评价。从评价主体看，既有研究机构的参与，又有专家学者的评价。从评价方案看，评价内容有英语、法语和学术水平三个主要指标。从评价方法看，将学生分为两组，实验组学生参与浸入式双语教学，而对照组学生只参加常规教学，这种评价方式对我们的研究很有启发意义。测试学术水平同样采用标准化试卷或当地教育部门编制的毕业考试试卷。[①] 加拿大的语言专家主要是以双语学生为对象，从五个方面对法语浸入式双语教育绩效进行了评价。

　　（1）对学生学科成绩的影响

　　加拿大长期和大量的实验结果表明，早期法语完全浸入式双语学生能达到英语常规班学生的学业水平。斯万和拉普金在对加拿大安大略省的早期完全浸入式双语学生进行了为期九年的测试，研究表明在从一年级到八年级的38次标准化数学测试中，有35次完全浸入式双语学生比常规班学生成绩要好或至少相同。在科学科目中，五年级到八年级的14次考试中，实验组与对照组的平均分相同。[②]

　　在早期部分浸入式和晚期浸入式项目中，研究结果并不总是可以证明浸入式双语学生的成绩和常规班学生的成绩相同。究其原因，是因为学生的法语水平有时不足以帮助他们解决用法语授课的学科中的复杂问题。但是从长远来看，研究结果表明，早期部分浸入式和晚期浸入式的学生能够达到与用英语教学的常规班学生一样的学科水平。[③]

---

　　① 王斌华：《双语教育与双语教学》，上海教育出版社2003年版，第129页。
　　② M. Swain, S. Lapkin, *Evaluating Bilingual Education: A Canadian Case Study*, Clevedon: Multilingual Matters, 1982, p. 56.
　　③ G. R. Tucker, "The Acquisition of Knowledge by Children Educated Bilingual", *Georgetown Monograph Series on Languages and Linguistics*, June 1975, pp. 267–277.

(2) 对学生母语发展的影响

加拿大浸入式教育把法语作为教学语言,这样突出法语自然会让英语为母语的家长担心母语发展是否会因此而受到影响。尤其是对于早期浸入式双语教育,这种担忧将更为突出。

卡明斯和斯万的研究表明,在双语教育启蒙阶段同时教授两种语言的表层结构会相互干扰而造成混乱,而这种混乱需要花很长的时间才能慢慢消除。因此,在双语教育的初始阶段最好只教授学生学习一种语言,不管是母语还是第二语言。一旦一种语言的读写能力固定下来,就会自然扩展到另一种语言。①

对接受早期完全法语浸入式教育的学生英语成绩的相关调查结果也表明,在初始阶段,浸入式双语学生的读写能力稍差于常规英语教学的学生,而在后来的学习中两组学生的成绩会渐渐持平。

(3) 对学生第二语言发展的作用

在浸入式双语教育对学生的第二语言发展这一问题上,刚开始加拿大教育界对此问题持两种完全相反的观点。一种观点认为,学生通过用第二语言进行交流,就会像学会母语那样自然地习得第二语言;另外一种观点对浸入式双语教育持怀疑态度,他们不相信通过使用语言来学习语言会比教授一门语言更有效。

哈利和斯万等人的研究结论为,浸入式双语学生的第二语言成绩表明,他们的法语水平已远远超过了上法语强化课程的学生的水平。浸入式双语学生的第二语言的接受性技能(听力与阅读理解)与母语为法语的同龄人相当,但他们的产出性技能(写作与口语)远不如母语为法语者,而这并不会阻碍他们表达自己的思想。②

(4) 对智商较低或者学习有障碍的学生的影响

斯万等人的研究发现,IQ 与考试成绩的关系对于早期浸入式双语教育学生和常规课程的学生来说是相同的。IQ 不会影响学生的理

---

① J. Cummins, M. Swain, *Bilingualism in Education*, New York: Longman Inc., 1986, p. 28.

② B. Harley, M. Swain, "An Analysis of the Verb System Used by Young Learners of French", *Interlanguage Studies Bulletin*, 1978, pp. 35–76.

解交流能力，但是会影响到第二语言学生读写方面的能力。①

学习有障碍的学生是指那些智力正常，在情感、动机和体力方面无障碍，但是在学习听、说、读、写某项基本技能时存在困难的学生。布鲁克（Bruck）对学习有障碍学生的研究表明，通过浸入式双语教育课程的学习，学习有障碍的学生在法语水平和学科水平上都会有很大的提高。②

（5）对学生在社会和心理方面的影响

兰伯特（Lambert）和塔克（Tucker）的研究发现，有过浸入式双语教育的学生可以更透彻地了解加拿大的社会文化生活。③

总体来说，加拿大双语教育评价主要是在学生学科成绩提高程度、双语能力、文化认同及对特殊学生的影响方面展开的。加拿大双语教育评价的对象比较单一，只是对双语学生的评价。这与加拿大双语实践有关，加拿大实施双语教育的外部环境及资源非常好，足以支持完全浸入式双语教育。在加拿大双语教育评价中不仅考虑到了对特殊人群的影响，另外也考察了学生对多元文化的理解与适应，体现了多元文化教育的理念。

2. 我国双语教育评价研究

我国双语教育评价分为对英汉双语的评价和民汉双语的评价。虽然两种教育目标不同，但评价指标却相差不大。

王丽颖博士指出，双语教育评价的目标应集中在三个方面：其一，语言目标评价，即对学生两种语言或多种语言能力及运用熟练程度的评价；其二，学术目标评价，即以单语教学中的学术标准对参与双语教学的学生各非语言专业知识目标实现程度的评价；其三，文化目标评价，即对社会、学校、学生、家长及教师对双语教学的态度，

---

① M. Swain, "Writing Skills of Grade Three French Immersion Pupils", *Working Papers on Bilingualism*, 1975, pp. 1–38.

② M. Bruck, "The Stuitability of Early French Immersion Programs for the Language Disabled Child", *Canadian Modern Language Review*, 1987, pp. 884–887.

③ W. E. Lambert, G. R. Turker, *Bilingual Education of Children: The St. Lambert Experiment*, Massachusetts: Newbury House, 1972, p. 67.

社会文化与社会语言环境等多方面因素的评价。①

有学者从管理角度考察，将双语教育评价目标定位在以下几个方面：双语教学目标及理念；师资准入与队伍建设；规划与课程体系建设；教学资源利用；教学科研的开展等。②

黄安余从微观层面对双语教育进行了评价，主要是对双语课堂教学有效性展开评价。包括以下几个方面：语言目标的实现，即将学生两种或多种语言的技能提高到一定的熟练程度；专业目标的实现，因为双语教学具有与单语教学完全相同的专业知识目标，必须证明学生已实现这些教学目标。③ 因此，黄安余认为双语教育评价主要由三大部分组成，即教学资源评价、教学过程评价和教学效果评价。

何家蓉等认为，双语教育评价要从学校的性质、教育目标的制定与实际达到目标的程度、学校的教学环境、教学设施、师资来源及水平、科研水平、学生学业的进步程度、学生与家长满意程度、社会的认可程度，以及是否具有改进教育质量的措施等方面综合衡量。④

我国少数民族双语教育评价的理论研究要远远落后于双语教育实践的发展。研究发现，目前我国所实施的少数民族双语教育评价的对象与内容主要涉及三个方面的内容：对学生学业成绩的评价，包括对学生双语能力及学业评价；对双语教师胜任力的评价，包括对双语教师的双语能力与双语教学能力的评价；对双语学校的评价，主要用于了解双语学校的双语计划、双语办学条件等方面。

二　双语教育绩效内涵的推演过程

根据对教育绩效相关文献的梳理，本研究重新定义了教育绩效，认为教育绩效是在一定教育投入下，教育领域组织或个人在实施教育

---

① 王丽颖：《双语教育理论与实践——中外双语教育比较研究》，上海教育出版社2008年版，第207页。
② 刘晓光：《双语教学评价的理性之思考》，《黑龙江高教研究》2009年第10期。
③ 黄安余：《双语教学理论与实践研究》，上海人民出版社2011年版，第216页。
④ 何家蓉、李桂山：《中外双语教学新论》，科学出版社2010年版，第322页。

过程中其行为对教育目标实现的贡献程度。由此定义可以看出，只有明确教育绩效内涵才能实现对教育绩效的测量，为此，必须深化对教育活动过程及教育目标的理解。

长期以来，"教育是教育者有目的、有计划、有组织地对受教育者施加教育影响以改变学习者身心发展结构及水平的社会实践活动"的观点被广为接受。由此导致，"教师中心说"在教育界一直占据着统治地位。随着20世纪60年代建构主义理论的兴起，"学生中心说"逐渐出现在人们的视野中，并开始为越来越多的人所接受。著名教育家杜威（John Dewey）是"学生中心说"的积极倡导者，他认为教育是间接地通过环境来实施的。① 杜威的观点表明，教育活动过程的本质不是教师对学生施加教育影响，而是发生在学生内心深处，不能被外部直接观察到的主体的能动活动。我国学者张应强也曾经指出，教育的目的是学生的发展，教育活动在本质上是属于学生的。② "学生中心说"充分表明，学生不仅是教育活动过程的主体，而且其在接受教育后的变化才是教育活动实施结果的表现。由此可见，教育绩效的主体应该是学生，其内涵应该表现为学生的发展变化情况。

关于学生的发展变化该如何测评的问题，教育目标分类学对其进行了系统阐释。虽然有众多学者从不同角度提出了教育目标分类，但自1956年布鲁姆（B. S. Bloom）《教育目标分类：认知领域》一书出版以来，布鲁姆的教育目标分类理论对全世界教育产生了重大而深远的影响。布鲁姆的教育目标分类是以能力为维度的，是对通常意义上接受学校教育后学生应该达到状态的分类。因此，本研究以布鲁姆的教育目标分类理论为指导来细化教育绩效内涵。布鲁姆借鉴生物学中对动植物分类的方法，对教育行为的发展按照从简单到复杂的原则进行了分类，将教育过程中学生的行为表现分为认知、情感和动作领域。布鲁姆认为，认知领域包括知识的回忆或再认，及理解能力和技

---

① ［美］约翰·杜威：《民主主义与教育》，王承绪译，人民教育出版社1990年版，第21页。

② 刘献君：《教育研究方法高级讲座》，华中科技大学出版社2010年版，第52页。

能的形成等方面的目标；情感领域包括态度和价值等方面的变化，及鉴赏和令人满意的顺应的形成；动作领域是存在的，但学校教育对此几乎没做什么，他认为对这一目标进行分类是没有必要的。因此，本研究认为教育绩效内涵应该是在一定教育投入下，教育领域组织或个人在实施教育过程中其行为对学生认知、情感和动作领域目标实现的贡献程度。

双语教育绩效内涵的界定必须以教育绩效内涵的界定为基础，同时必须考虑双语教育目标的具体内容。国际著名的双语教育专家威廉·麦凯和梅格尔·西格恩[①]结合双语教育特点，对双语教育目标进行了细化，他们认为双语教育目标应该包括语言、学业及社会和文化融合三个方面的内容。将麦凯和西格恩对双语教育目标细化的结果与布鲁姆教育目标分类两相对照可以看出，麦凯和西格恩的双语教育目标划分并没有脱离布鲁姆的教育目标分类，其中，双语能力与学业能力属于认知领域的目标，双语能力也属于动作领域的目标，社会和文化融合情况属于情感领域的目标，在麦凯和西格恩的双语目标划分中忽视了与社会文化融合相对应的其他情感态度价值观的获得。

基于以上分析，本研究认为，双语教育绩效是在以两种语言作为教学媒介的系统中，在教育投入一定的情况下，学校所实施的双语教育过程对双语学生语言能力、学业情况、社会文化融合情况及相应情感态度价值观等目标实现的贡献程度。

在确定双语教育绩效内涵时，本研究首先对教育过程本质进行了分析，明确了教育绩效的主体是学生，教育绩效的内涵应该是一定投入下学生的成长。结合教育目标分类理论及双语教育的定义，本研究认为双语教育绩效是在以两种语言作为教学媒介的系统中，在教育投入一定的情况下，学校所实施的双语教育过程对双语学生语言能力、学科能力及社会和文化融合等目标实现的贡献程度。

---

① [加] W. F. 麦凯、[西] M. 西格恩：《双语教育概论》，严正、柳秀峰译，光明日报出版社1989年版，第151—163页。

第三节　小结

概念是理论的核心，是研究的基础。界定概念有很多种方法，首先要做的是把握词的语言功能，也就是对概念的语义和释义路径。诸多方法的基础是概念应该是可分解的，将概念中的诸多属性用基本词语来代替就形成了概念。通过语义路径来界定概念，就可以将特定的自然语言信息加诸人类的感知、思考和认知过程，同时也可以让这些特定的自然语言来承载相应的感知、思考和认知过程。因此，在概念的语义路径分析过程中，特定自然语言的选择就非常重要。特定自然语言的选择实际上就是选择一种既定语义场的过程，其中包含了某种影响深远的解释性过程。正如泰勒所言，语言由现实构成，表现为人们借助整个词汇表进行的思维塑造，所以概念的语言路径分析实际上是词汇对内在思维的表现。

概念的内在结构及其组成部分对概念的测量非常重要，概念测量的基础是概念结构的可分解性。要探讨概念的内在结构，就必须深究概念的维度和层次。通常，概念的基本层次经常是有争议的，因为它是被观察变量的因变量，因此在确定概念结构的时候就要深究其本体论。概念的核心特征构成了一种所观察现象的本体论理论。本体论的概念通常采用三层次概念，其有两个理论层次，即基本层次和第二层次。充分必要概念路径正好契合了基本层次自变量和因变量理论，而这些理论本身包含了来自第二层次的因果假设。在三层次概念界定中，通常需要将各种自变量结合起来以解释因变量。

研究中，利用概念的语义路径分析实现了对绩效概念的界定，而在教育概念的界定中采用了概念三层次结构的必要与充分路径分析，这样教育绩效的定义就是分层次分维度的了，再结合教育目标分类理论，就实现了对双语教育绩效概念的界定。通过上述系列研究，实现了从概念界定到测量实现的系统研究，实现了定性研究和定量研究的完美结合。

第四章

双语教育绩效系统概念模型的建构

恩格斯曾经说过,一个民族如果想要站在科学的最高峰,就一刻也不能没有理论的思维,理论研究对科学研究非常重要。理论建构过程中,归纳主义强调从经验事实上升到理论假设的过程,而演绎主义强调研究始于对理论的演绎。演绎主义者坚信,如果对事件的描述是从"覆盖率"中演绎出来的,那么就足以说明任何事情。①"覆盖率"是对某一事实的普遍性陈述。本研究中对双语教育绩效影响因素理论模型的建构,采用演绎主义理论建构方式,根据双语教育特点,从教育影响因素这一"覆盖率"出发,推演出双语教育绩效影响因素。

第一节 建构双语教育绩效系统概念模型的理论基础

演绎式理论建构的起点是理论,在双语教育绩效影响因素概念模型的建构过程中,理论推演的起点是教育生产函数理论及双语教育理论,它们是双语教育绩效影响因素概念模型的"覆盖率"。

---

① [英]罗姆·哈瑞:《科学哲学导论》,邱仁宗译,辽宁教育出版社1998年版,第56页。

一 教育绩效技术及教育绩效系统

众所周知，绩效技术的传统应用领域是企业等商业性组织，近年来绩效技术的思想与理念越来越多地被应用于医疗、卫生及教育等社会性组织。在1972年由联合国教科文组织出版的《学会生存》一书中曾经指出，许多工业体系中的新管理程序，都可以实际应用于教育。顾明远先生曾经指出，绩效技术的理论与方法适用于各行各业，教育技术领域研究者可以用自己的专长去促进企业组织绩效的改进，同样可以进行教育领域绩效问题的研究。① 绩效技术在教育领域的应用与教育质量问题密不可分，教育绩效技术就是要运用绩效技术解决问题的系统方法来解决教育质量问题。张祖忻等人认为，教育绩效技术是一项提高教学质量的系统技术，是用企业组织在绩效技术方面已累积的工作经验和取得的研究成果来推动教学、教育中的绩效问题研究的跨学科领域，包括分析、设计、开发、实施和评价等范畴。在对教育绩效技术的定义中，其特别指出，教育绩效技术中的"技术"是指分析和解决问题的系统方法。② 由此可见，教育技术领域的研究者可以利用绩效技术中分析和解决问题的系统方法来解决与教育质量相关的教育问题。

刘美凤等人认为，绩效系统是绩效技术领域研究人员运用系统而全局的方法，对包括人本身和工作环境在内的影响个人或组织绩效的各种因素进行抽象化而建立的，能够体现绩效影响因素、影响因素之间关系及作用机理的概念模型。③ 建立绩效系统的目的是为了找出绩效问题，并最终解决问题。基于此，本研究认为，教育绩效系统是教育绩效技术领域研究人员运用系统方法，对教育绩效影响因素进行抽象化而建立的，能够体现教育绩效影响因素、影响因素之间的关系及作用机理的概念模型。其中，作用机理是指为实现某一功能，一定系

---

① 张祖忻：《绩效技术概论》，上海外语教育出版社2005年版，第5页。
② 张祖忻：《换一种思维方式认识和处理教育质量问题——开拓教育绩效技术研究领域》，《开放教育研究》2012年第12期。
③ 刘美凤、方圆媛编：《绩效改进》，北京大学出版社2011年版，第9页。

统结构中各要素的内在工作方式及各要素在一定环境条件下相互联系、相互作用的运行规则和原理。① 因此，在一定意义上来说，教育绩效系统就是对教育影响因素进行一次全面而系统的研究。

二 教育生产函数理论

教育生产函数是教育经济学领域用来考察教育投入与产出数量关系的方法，主要研究教育投入与产出的统计关系，其从投入产出的角度对教育质量影响因素进行了系统的研究。② 1986 年，汉纳谢克（E. A. Hanushek）③最早提出了教育生产函数一般理论模型：

$A_t = f(F_t, T_t, OS_t)$

其中，A_t表示学生在时间 t 所获得的学业成就；F_t表示截至时间 t 来自家庭的各种影响因素；T_t表示截至时间 t 来自教师方面的各种影响因素；OS_t表示截至时间 t 来自学校的各种因素影响。该模型认为影响学生学业成就的因素来自家庭、教师及学校三个方面。

汉纳谢克教育生产函数模型提出后被广为引用。随着研究的深入，研究者发现该模型的缺陷在于没有明确提出学生本人及同伴对学生学业成就的直接影响。因此，贝尔菲尔德（Belfield）④ 于 2000 年在汉纳谢克模型的基础上提出了教育生产函数分析的增量模型。

$A_t = f(R_{t-1}, F_{t-1}, P_{t-1}, A_{t-1}, Z_{t-1})$

其中，A_t表示学生在时间 t 所取得的学业成就；R_{t-1}表示在前一时期学校投入的资源；F_{t-1}表示在前一时期家庭投入；P_{t-1}表示同伴因素；A_{t-1}表示学生的学习基础；Z_{t-1}表示学生的努力程度。该模型认为影响学生学业成就的因素来自学校、家庭、同伴及学生自

---

① 赵耿毅：《政府审计如何应对公共危机理论分析与实践探索》，中国财政经济出版社 2012 年版，第 54 页。

② 杜育红：《学校效率：研究的概念框架与计量方法的进展》，《教育与经济》2004年第 4 期。

③ E. A. Hanushek, "The Economics of Schooling: Production and Efficiency in Public School", *Journal of Economi Literature*, March 1986, pp. 1141–1177.

④ C. R. Belfield, *Economic Principles for Education: Theory and Evidence*, Cheltenham: Edward Elgar Publishing Limited, 2000, pp. 53–60.

身四个方面。

由上述两种教育生产函数可以看出,教育经济学领域的研究者力图建立影响因素与学生学业成就之间的函数关系来表示影响因素之间的关系。通过以上两个函数可以看出,影响教育质量的因素大致分为学校因素、教师因素、家庭因素、同伴因素及学生自身因素。教育生产函数对每个影响因素的不同属性是如何影响教育质量的也进行了深入研究。

(一)学校因素

关于学校因素对学生学业成就影响的研究始于科尔曼。科尔曼(Coleman)等人1966年发布了著名的《科尔曼报告》,报告指出家庭背景、同伴是影响儿童学业成就的主要因素,而学校对儿童的学业成就几乎没有什么影响。科尔曼的学校无作为的结论引得无数研究者投入到了对学校有效性的研究中。研究者主要是从学校的教育投入(班级规模、师生比、资源配置、生均支出)和学校管理角度来研究学校对学生学业成就的影响。

部分学者对学校投入因素(班级规模、师生比、生均支出等)对学生学习成绩的影响进行了比较深入的研究。美国国家儿童保健和人类发育研究所(National Institute of Child Health and Human Development)的研究发现,学校满足美国儿科学会和美国公共卫生机构推荐的班级规模、师生比,教师教育和教师培训的程度越好,学生出问题的概率就会越小,并且将会在语言理解和学校测试中得到更高的分数。赫奇斯(Hedges)、莱恩(Laine)和格林沃尔德(Greenwald)[1]的元分析研究表明,学生学业成就的获得会受到生均支出经费的影响,随着生均支出经费的增加,学生的学业成就会随之提高。薛海平和闵维方[2]在2004年对中国甘肃农村调查数据进行了分析,研究表明,班级规模对初中生数学和语文成绩有显著的负向影响,并且学校

---

[1] L. V. Hedges, R. D. Laine and R. Greenwald, "Does Measured School Quality Really Matter? A Meta-Analysis of Studies of the Effects of Differential Inputs on Student Outcomes", *Educational Researcher*, April 1994, pp. 5 – 14.

[2] 薛海平、闵维方:《中国西部教育生产函数研究》,《教育与经济》2008年第2期。

投入变量对学生学业成绩的影响超过30%。丁延庆和薛海平[①]对2006年昆明市高中生的调查数据进行了分析,研究表明,生均公用经费每增加100元,学生高考成绩大概可以提高3分。上述国内外研究均表明,学校投入因素会影响学生学业成就的获得。

许多研究表明,在当前教育体制下,单靠增加教育投入并不能大幅度提升学生学习成绩,因此部分学者开始将研究的重点转向了学校管理对学生学习成绩产生的影响。韦斯曼(Ludger Woessmann)[②]的系列研究表明,学校教育投入必须与学校管理结合起来才能大幅度提升学生学业成就。福克斯·托马斯(Fuchs Thomas)和韦斯曼[③]的研究表明,PISA国际考试成绩差异的四分之一是由学校管理制度的差异引起的。菲利普森(L. C. Phillipsen)和伯奇纳尔(M. R. Burchinal)[④]的研究表明,在教育管理比较严格的州,教育质量相对较高。薛海平和闵维方[⑤]2004年在中国甘肃农村的研究表明,分权管理制度对初中生数学和语文成绩有显著的正向影响。上述研究表明,学校管理会在一定程度上影响学生学业成就的获得。

通过就学校投入属性及管理属性对学生学业成就获得影响的文献综述可以看出,学校投入属性和管理属性会在不同程度上影响学生学业成就获得情况。

(二)教师因素

在教育生产函数研究中,关于教师因素对教育结果的影响研究结论并不一致。当研究样本及方法不同时,有时候研究结论截然相反。

[①] 丁延庆、薛海平:《高中教育的一个生产函数研究》,《华中师范大学学报》(人文社会科学版)2009年第3期。

[②] Ludger Woessmann, "Educational Production in Europe", *Economic Policy*, October 2005, pp. 445–504.

[③] Fuchs Thomas, Ludger Woessmann, "What Account for International Differences in Student Performance? A Re-examination Using PiSA Data", *CESifo Working Paper*, No. 1235, 2004.

[④] L. C. Phillipsen, M. R. Burchinal and C. Howes et al., "The Prediction of Process Quality from Structural Features of Child Care", *Early Childhood Research Quarterly*, December 1997, pp. 281–303.

[⑤] 薛海平、闵维方:《中国西部教育生产函数研究》,《教育与经济》2008年第2期。

如汉纳谢克1970年的研究表明，教师教育、工作年限及工资等特征并没有对学生学习成绩表现出积极正面的影响。而1971年汉纳谢克[①]采用元分析的方法对原来的样本进行分析后得出了完全相反的研究结论，新的研究表明，学校对学生成就差异有影响，并且教师因素是影响学生成就差异的最重要决定性因素。学者们就教师不同方面属性对教育结果影响进行了大量研究。

国外学者对教师因素各属性对学生学业成就获得情况进行了比较多的研究。汉纳谢克的研究表明，在得克萨斯州，教师对学生学业成就的影响比其他因素的影响都要大，是班级规模影响的20倍以上。有两年工作年限的教师与学生成绩（4、5年级数学除外）表现出显著性正相关，并且更高工作年限教师不会对学生成绩有显著性影响；教师教育与学生成绩（数学成绩除外）没有明显的相关关系；教师工资与学生的学习成绩正相关，尤其是对于任期内的有经验的教师。杜威等人[②]的研究表明，教师教育经历对学生学业成就的影响不显著，而教师的工作年限对学生学业成绩有显著性的正向影响，并且，教师的相对工资对学生学习成绩的影响有显著性差异。库珀（Cooper）和科恩（Cohn）[③]在美国南卡罗来纳州的研究表明，有硕士学位的教师对学生学业成就有积极显著的影响，而其他学位的教师对学生学业成就影响不显著。并且，教师工作年限对学生学业成就的影响不显著。戈德·哈伯（Gold Haber）与布鲁尔（Brewer）等人[④]对美国教育调查数据重新进行了分析，有数学学位的教师与学生的数学成绩显著性正相关，但没有发现教师工资和学生学业成绩之间有任何明确的关

[①] Eric A. Hanushek, "Teacher Characteristics and Gains in Studengt Achievement: Estimation Using Micro-Data", *American Economic Review*, February 1971, pp. 280–288.

[②] J. Dewey, T. A. Husted and L. W. Kenny, "The Ineffectiveness of School Inputs: A Product of Misspecification?", *Economics of Education Review*, January 2000, pp. 27–45.

[③] S. T. Cooper, E. Cohn, "Estimation of a Frontier Production Function for the South Carolina Educational Process", *Economics of Education Review*, March 1997, pp. 313–327.

[④] D. D. Goldhaber, D. J. Brewer and E. R. Eide, "Testing for Sample Section in the Milwaukee School Choice Experiment", *Economics of Education Review*, February 1999, pp. 259–267.

系。萨默斯（Summers）等人[1]及艾伦伯格（Ehrenberg）等人[2]的研究表明，从排名较高学校毕业的教师对学生学业成就的提高发挥着更大的作用。迪伊·托马斯（Dee Thomas）在美国田纳西州的研究表明，学生与教师的民族匹配性对学生学业成绩有影响，当学生被分配到本民族教师班级中时，一年后其数学和阅读成绩能够显著提升3个至4个百分点。戈德·哈伯与布鲁尔[3]的另一项研究表明，教师备课较好、能够很好控制上课内容、花较少时间维持课堂秩序、使用口语提问和注重问题解决能力培养的教师对学生学业成绩有正向显著性影响。国外相关文献研究表明，尽管在教师某些属性（如学历、工资）对学生学业成就获得方面所产生的影响有不同的研究结论，但总体来看，教师的民族、学历、教学经验等属性都会在不同程度上影响学生学业成就的获得。

近年来，部分学者也开始关注中国国内教师因素各属性对学生学业成就获得情况的影响。丁·维力（Ding Willi）和史蒂芬·莱勒（Steven Lehrer）[4]对中国江苏省高中师生的研究表明，教师职称与学生成就有显著性正相关关系，能解释35%—50%的学生差异，但教师的其他属性，如教师学历、工作年限等特征只能解释5%—10%的学生差异。艾伯特·帕克（Albert Park）和艾米丽·汉纳姆（Emily Hanuman）调查了甘肃省20个县100村，获取了2000个9—12岁儿童的有效样本，研究发现甘肃农村小学教师学历水平和教龄与学生数学成绩显著性正相关关系，与语文成绩不存在显著性相关关系，教师职称与学生的数学和语文成绩有显著性正相关关系，教师工作与学生

---

[1] A. A. Summers, B. L. Wolfe, "Do Schools Make a Difference?", *American Economic Review*, June 1997, pp. 253–267.

[2] Brewer Ehrenberg, "Do School and teacher characteristics matter? Evidence from High School and Beyond", *Economics of Education Review*, July 1994, pp. 1–17.

[3] D. D. Goldhaber, D. J. Brewer, "Why Don't Schools and Teachers Seem to Matter? Assessing the Impact of Unobservables on Education Production", *Journal of Human Resources*, March 1997, pp. 505–523.

[4] Ding, Weili, Steven F. Lehrer, "Do Peers Affect Student Achievement in China's Secondary Schools?", *Review of Economics and Statistics*, February 2006, pp. 300–312.

数学成绩显著正相关。薛海平①选取了艾伯特·帕克与艾米丽·汉纳姆2004年对甘肃省20个县100个村调研中的初中学生样本，包括1674名学生，881名教师作为研究对象，研究结论表明，初中教师的学历、教师资格、教龄、职称及培训与教育质量显著性正相关。张文静、辛涛等②对北京市房山区42所小学1238名四年级学生及42名数学教师的研究表明，教师的年龄、性别、学历、教龄、专业并不会影响学生数学成绩的获得，而教师最终学历水平、职称、是否参加过新课程培训会在不同程度上影响学生数学成绩的获得。李琼、倪玉菁等人③对1691名小学生及32名数学教师的研究表明，教师的学科教学知识、对课堂学习任务的认知水平、课堂师生对话的权威程度、教师运用学生想法的程度与学生数学成绩具有显著性预测作用，而教师的学科知识水平与其并不具有显著性预测作用。邱白莉④认为，课堂教学内容与方法，包括课程内容、教学方法、教育技术的运用等因素是影响教育质量的因素。由以上文献研究可以看出，国内学者就教师因素不同属性对学术学业成就的影响进行了较多的研究，虽然在某些属性方面研究结论并不完全一致，但总体看来教师因素各属性大多会在不同程度上影响学生学业成就的获得。

由在国外及中国国内进行的关于教师因素诸属性对学生学业成就影响的文献研究可以看出，教师因素对学生学业成就获得的影响比较复杂，教师的某一属性对学生学业成就的影响会因为学生的不同特征及课程科目特征的不同而不同。总体来说，教师的族别、受教育程度、教学经验（包括工作年限、职称、教学内容与方法）及接受培训情况等属性经常会被用来考察其对学生学业成就的影响。

---

① 薛海平：《西部农村初中教师素质与教育质量关系的实证研究》，《教师教育研究》2008年第7期。
② 张文静、辛涛、康春花：《教师变量对小学四年级数学成绩的影响：一个增值性研究》，《教育学报》2010年第4期。
③ 李琼、倪玉菁、萧宁波：《教师变量对小学生数学学习观影响的多层线性分析》，《心理发展与教育》2007年第2期。
④ 邱白莉编著：《当代美国中小学教育绩效责任探析》，中山大学出版社2003年版，第10页。

（三）家庭因素

教育活动既发生在学校也发生在家庭，将二者严格分开几乎不可能，因此二者对学生的影响是相互联系的。学者们对家庭学校这种联合作用的影响进行了研究，教育生产函数的传统研究大多是考察家庭社会经济背景（家长受教育程度、职业、收入）对学生学业成就所带来的影响。

世界很多国家的研究均表明，父母的受教育程度会影响学生成绩。汉纳谢克[1]和杜威[2]等人对欧洲与北美许多国家的研究表明，父母的受教育程度与孩子的学业成绩显著性正相关。韦斯曼对东亚（中国香港、日本、韩国、泰国、新加坡）的研究表明，父母受教育程度与孩子的成绩显著性正相关。帕特里克·麦克尤恩（Patrick J. McEwan）对智利的研究表明，父母受教育程度，尤其是母亲受教育程度与孩子的学习成绩显著性正相关。艾伯特·帕克和艾米莉·汉纳姆对中国甘肃农村的研究表明，父亲的受教育程度与孩子的数学成绩显著性正相关，与语文成绩不相关，并且母亲受教育程度和家庭人均支出与孩子的数学语文成绩均不相关。孙志军、刘泽云等人[3]对中国甘肃省20个县小学的研究表明，父母受教育水平与儿童成绩显著性正相关，并且，提高学校投入会缩小不同家庭儿童的成绩差异，尤其是数学成绩。帕梅拉·戴维斯－基恩（Pamela E. Davis-kean）建立了家庭社会经济背景与儿童学业成就之间关系的结构方程模型，研究发现，家庭社会经济背景因素通过父母的信念与行为对儿童学业成就产生影响。由上述文献可以看出，大多数研究表明父母受教育程度会影响儿童学业成就的获得。

学者们就家庭收入因素对学生学业成绩影响进行了较为深入的研

---

[1] Hanushek, Eric A., "The Economics of Schooling: Production and Efficiency in Public School", *Journal of Economic Literature*, March 1986, pp. 1141–1177.

[2] J. Dewey, T. A. Husted and L. W. Kenny, "The Ineffectiveness of School Inputs: A Product of Misspecification", *Economics of Education Review*, January 2000, pp. 27–45.

[3] 孙志军、刘泽云、孙百才：《家庭、学校与儿童的学习成绩——基于甘肃省农村地区的研究》，《北京师范大学学报》（社会科学版）2009年第5期。

究。皮亚塔（R. Pianta）和豪斯（C. Howes）[①] 的研究表明，如果班级中有超过60%以上的儿童来自低收入家庭，则教育质量会较低。劳卡塞莱-克劳奇（J. LoCasale-Crouch）和克诺尔德（T. Konold）[②] 对192个学前班级的研究表明，教育质量较差的班级里有更多的儿童家庭贫困、非白种人和母亲受教育水平低。布洛（L. Blow）和古德曼（A. Goodman）等人系统研究了家庭收入对学生成绩影响的文献发现，相对于家庭长期收入，家庭当前收入对学生成绩影响不大，而家庭长期收入对学生成绩的影响要比当前收入影响大很多；与家庭收入相比，父母亲的民族、性别及其他可观察到的特征对学生成绩的影响更大；家庭收入对学生成绩的影响通常是非线性的，也就是说，家庭收入对低收入家庭孩子成绩影响更大；家庭收入对不同年龄段孩子的影响不同，在较低年龄段孩子的成绩对家庭收入更敏感。由上述文献研究可以看出，家庭经济状况是影响儿童学业成就获得的因素，但在影响程度上各研究结果并不完全相同。

对上述文献的综述可以看出，关于家庭特征对学生学习成绩的影响方面研究者的观点还是比较一致，普遍认同家庭因素的父母受教育程度属性及家庭经济状况属性会对学生学业成就的获得产生影响。

（四）同伴因素

长期以来，人们一直认为同伴也是影响学生学业成就的重要因素之一。《科尔曼报告》较早显示了同伴对学生学业成绩有重要影响，当然也有部分研究显示同伴对学生学业成绩影响较小或者并不显著。研究结论的差异性很大程度上在于同伴划分标准的不同。

有些研究以班级或学校里学生平均成绩来作为同伴划分的标准。黛布拉·维亚德罗（Debra Viadero）对圣地亚哥公立学校141000名

[①] R. Pianta, C. Howes and M. Burchinal, "Features of Pre-Kindergarten Programs, Classrooms and Teachers: Do They Predict Observed Classroom Quality and Child-teacher Interactions", *Applied Developmental Science*, March 2005, pp. 144–159.

[②] J. LoCasale-Crouch, T. Konold and R. Pianta, "Observed Classroom Quality Profiles in State-funded Pre-kindergarten Programs and Associations with Teacher, Program and Classroom Characteristics", *Early Childhood Research Quarterly*, July 2007, pp. 3–17.

学生数学和阅读成绩进行了为期三年的跟踪研究，结果显示：同伴成绩的上升也会引起学生自身成绩的上升；如果一名小学生从成绩较低群体转移到成绩相对较高群体，那么其学习成绩会提升9个百分点；并且孩子越小同伴对其的影响越大。范斯坦（Feinstein）和西蒙斯（Symons）[1]的研究表明，同伴关系对学生学业成就获得有显著的正向影响，按照能力分班会更有利于高学业成就学生的进一步发展。丁·维利和斯蒂夫·莱勒[2]对中国江苏省某县的研究表明，学生的高考成绩与其同伴的入学成绩显著性正相关，而与同伴的差异性负相关。并且，同伴的影响具有非线性特征，也就是说成绩相对较差的学生会受益于混合式分布，而成绩相对较好的学生会受益于按成绩分班。杨钋[3]对北京市三所中学的研究表明，同伴能力对学生学业成就有影响，但影响是正向的、非线性的，并且，学生个体学业成就会因为同伴能力差异的扩大而显著性地降低。

有些研究以父母平均受教育程度、家庭收入或学生民族等指标中的一项或者多项组合作为同伴划分标准。帕特里克（Patrick）和麦克尤恩（McEwan）以父母受教育程度、家庭经济收入和班级中本土学生比例作为同伴划分标准，对智利8年级学生的研究表明，相对于同伴父亲的受教育程度，同伴母亲的受教育程度对学生的影响程度更大，并且同伴母亲受教育程度每增加1个标准差，将会导致学生学习成绩增加0.27个标准差，同伴的平均家庭收入对学生学习成绩影响较小且不一致，随着同伴中本土学生比例的增加，学生的学习成绩将会降低。汉纳谢克和凯恩等人以学校中黑人学生和西班牙裔学生比例、免费营养午餐学习比例和先前同伴平均成绩作为同伴划分标准，以学生数学考试成绩及其增长率作为应变量的研究结果显示，同伴的

---

[1] L. Feinstein, J. Symons, "Attainments in Secondary Schools", *Oxford Economic Papers*, October 1999, pp. 300 – 321.

[2] Ding, Weili, Steven F. Lehrer, "Do Peers Affect Student Achievement in China's Secondary Schools?", *Review of Economics and Statistics*, February 2006, pp. 300 – 312.

[3] 杨钋：《同伴特征与初中学生成绩的多水平分析》，《北京大学教育评论》2009年第10期。

平时成绩对全体学生成绩有显著的正向影响,但对不同成绩水平学生影响大小不一样,并且来自低收入家庭的同伴对学生学习成绩的影响并不显著。费尔蒂希(Fertig)以父母受教育程度作为同伴划分标准所进行的研究表明,同伴异质性对学生学业成就有显著性影响,并且同伴异质性会降低学生个体的学业成就。薛海平和闵维方[1]以认知水平和家庭社会经济背景作为同伴的划分标准,对甘肃基础教育的调查研究表明,同伴认知水平对学生个体的数学和语文成绩有显著性的正影响,家庭经济水平对其影响不显著。

通过上述文献综述可以看出,教育生产函数对同伴的划分依据主要有两种,一种是按照学业成绩作为同伴划分标准,另一种是同伴家庭经济状况、父母受教育程度及民族。已有文献大多研究了同伴的学业、家庭经济状况、父母受教育程度及民族属性对学生学业成就的影响,普遍认为同伴的学业成就会对学生学业成就产生影响,同伴家庭因素的影响通常并不显著。

(五)学生自身因素

教育生产函数就学生自身特征因素对教育结果的影响同样进行了大量的研究,一般分为两大类,一类是学生的社会性特征,另一类是学生的心理与行为特征。

学生的社会性特征一般包括如性别、民族、出生地及出生顺序等。托尔斯顿·胡森[2](Torsten Husen)的研究表明,在发展中国家,学生学业成就与学生的社会出生有关,学生居住在城市还是农村是影响学生学业成就的决定性因素。胡咏梅[3]对中国西部5省区90所中学4544名初三学生语文与数学成绩的分析表明,男生数学成绩显著高于女生平均成绩,女生语文成绩显著高于男生平均成绩。薛海平和闵

---

[1] 薛海平、闵维方:《中国西部教育生产函数研究》,《教育与经济》2008年第2期。
[2] [瑞典]托尔斯顿·胡森:《平等问题与发展中国家》,张人杰译,《外国中小学教育》2004年第11期。
[3] 胡咏梅、杜育红:《中国西部农村初级中学教育生产函数的实证研究》,《教育与经济》2008年第3期。

维方①对中国甘肃农村初中生的研究表明，性别因素与民族因素对其影响不大。哈特奇罗格（Hatzitheologou）②的研究表明，家中排行第一孩子的阅读成绩一般要好于其他孩子。贝尔蒙特（Belmont）和马罗拉（Marolla）③的研究表明，家中出生越早的孩子智力相对越高。上述文献研究表明，学生的社会性特征会在一定程度上影响学生的学业成就。

学生的心理与行为特征一般包括学习动机、期望、努力程度等。关于学习动机对学习成绩影响的研究结论并不完全一致。戈特弗里德（Gottfried）④的研究表明，学习动机越高的儿童，相对而言其学习成绩也比较高。而伊卜提萨姆·哈拉韦（Ibtesam Halawah）⑤的研究表明，学生学习动机与成绩直接相关系数不大且不显著。薛海平和闵维方⑥对中国甘肃农村初中生的研究表明，学生的努力程度和教育期望对其学习成绩有显著性影响。

通过文献综述可以看出，学习者自身特征因素比较复杂，有社会性特征、心理特征与行为特征，各个特征都会在不同程度上影响学生的学业成就。

（六）学生学业成就影响因素属性汇总

教育生产函数理论将影响学生学业成就的影响因素分为学校、教师、家庭、同伴及学生自身五个大类，并且研究了每个影响因素的不同属性对学生学业成就的影响。各影响因素属性汇总如表4-1所示。

---

① 薛海平、闵维方：《中国西部教育生产函数研究》，《教育与经济》2008年第2期。

② Hatzitheologou. Reading Achievement, "Birth Order and Family Size", *International Journal of Early Childhood*, February 1997, pp. 8–12.

③ L. Belmont, F. A. Marolla, "Birth Order, Family Size and Intelligence", *Science*, December 1973, pp. 1096–1101.

④ A. E. Gottfried, "Academic Intrinsic Motivation in Young Elementary School Children", *Journal of Educational Psychology*, March 1990, pp. 525–538.

⑤ Ibtesam Halawah, "The effect of Motivation, Family Environment, and Student Characteristics on Academic Achievement", *Journal of Instructional Psychology*, February 2006, p. 999.

⑥ 薛海平、闵维方：《中国西部教育生产函数研究》，《教育与经济》2008年第2期。

表4-1　　　　　　学生学业成就影响因素及其属性汇总

影响因素	属性
学校	学校投入因素（班级规模、师生比、生均支出等）、学校管理
教师	族别、学历、教学经验（包括工作年限、职称、教学内容与方法）及培训情况
家庭	父母受教育程度、家庭经济状况及父母对子女教育的参与程度
同伴	学业情况、家庭经济状况及父母受教育程度
学生自身	社会性特征（性别、民族、出生地及出生顺序等）、心理特征与行为特征（学习动机、期望、努力程度等）

三　双语教育理论

双语教育作为一门新兴的交叉学科，成熟的理论尚不多，现有理论大多是模型理论，从各个理论模型中可以汇总出双语教育影响因素。

（一）卡明斯双语教育相互作用理论

卡明斯教授以儿童在接受双语教育前后的变化为核心变量，提出了双语教育相互作用模型，① 如图4-1所示。

通过图4-1可以看出，该模型认为影响双语教育结果的变量有背景变量、儿童输入变量、教学操作变量、儿童过程变量。这四个变量中，儿童过程变量是影响双语教育结果的直接变量，其他三个变量都是通过作用于直接变量来起作用。影响双语教育结果的因素除了儿童自身因素外，还有教师、父母及社区。儿童已有的认知能力、语言能力及学习动机分别影响其认知、学术、语言能力的获得及情感态度的形成。教师的语言使用情况、态度与期望通过教学行为作用于双语学生来影响双语教育结果。在该模型中，父母及社区并不直接参与双语教育实践活动，而是作为背景变量通过作用于儿童的学习活动及教师的教学活动来影响双语教育结果。

通过卡明斯的双语教育相互作用模型可以看出，儿童自身、教

---

① 龙琪：《理科双语教学》，科学出版社2009年版，第58页。

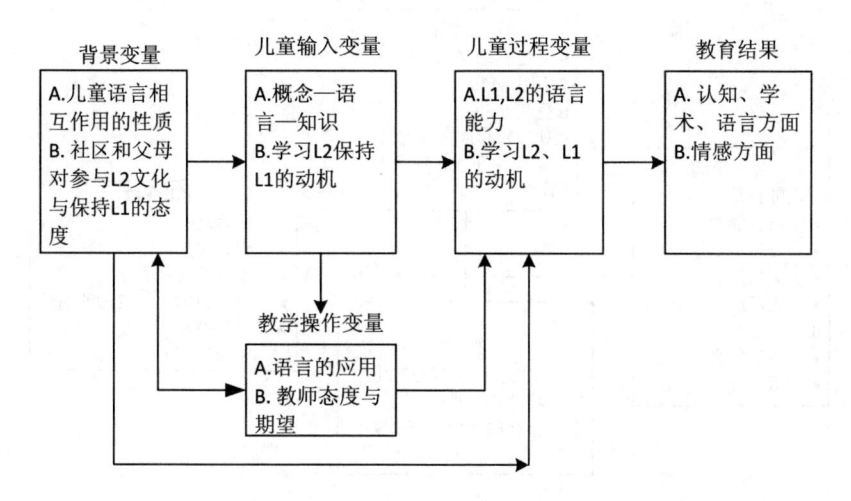

第四章 双语教育绩效系统概念模型的建构

```
背景变量                儿童输入变量          儿童过程变量          教育结果
A.儿童语言相           A.概念—语言          A.L1,L2的语言        A.认知、学
互作用的性质            —知识               能力                 术、语言方面
B.社区和父母           B.学习L2保持         B.学习L2、L1         B.情感方面
对参与L2文化           L1的动机             的动机
与保持L1的态
度

                      教学操作变量
                      A.语言的应用
                      B.教师态度与
                      期望
```

图4-1　双语教育相互作用模型

师、父母及社区都会对双语教育结果产生影响。儿童变量包括其的已有认知能力、语言能力和学习动机属性；教师变量包括其语言使用情况、态度、期望及教学行为属性；家庭和社区变量包括其对双语教育的参与情况及态度。

（二）科林·贝克的输入—输出—情景—过程双语教育

科林·贝克（Colin Baker）教授在邓金（Dunkin）与比德尔（Biddle）等人提出的双语教育模型的基础上，于1985年提出了输入—输出—情景—过程双语教育模型，[①] 如图4-2所示。在该模型中，贝克教授认为在课堂、学校及社会三大类情景的综合作用下，教师与学生作为教学过程的输入变量通过直接作用于教学过程，引发师生之间、生生之间及学生与教材之间的互动来影响双语学生语言与文化的获得，该模型并不涉及双语学生认知及学术能力的获得。

从图4-2可以看出，影响双语学生双语能力与文化获得程度的因素有教师因素、环境因素及学生自身因素。其中教师因素的属性变

---

① Colin Baker, *Foundation of Bilingual Education and Bilingualism*, London: Multilingual Matters Ltd, 1993, p.238.

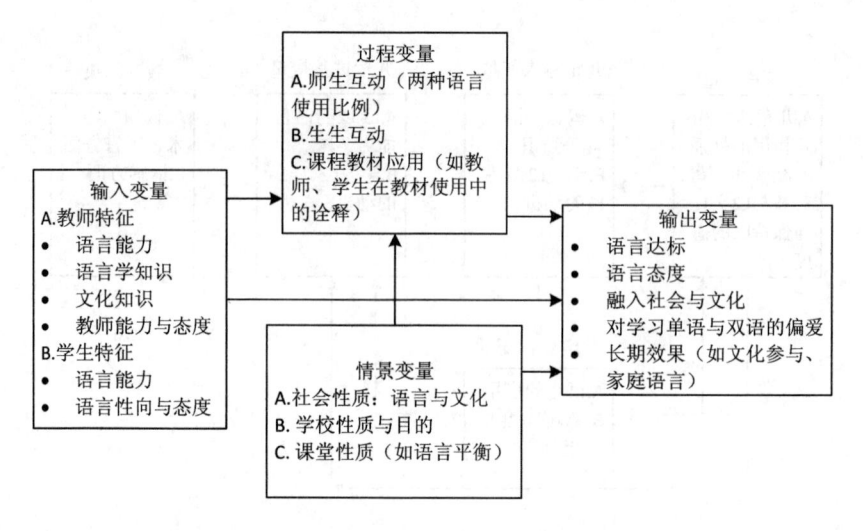

```
┌─────────────────┐
│ 过程变量        │
│ A.师生互动（两种语言
│   使用比例）
│ B.生生互动
│ C.课程教材应用（如教
│   师、学生在教材使用中
│   的诠释）
└─────────────────┘
```

```
┌─────────────────┐          ┌─────────────────┐
│ 输入变量        │          │ 输出变量        │
│ A.教师特征      │          │ • 语言达标      │
│  • 语言能力     │          │ • 语言态度      │
│  • 语言学知识   │          │ • 融入社会与文化│
│  • 文化知识     │          │ • 对学习单语与双语的偏爱│
│  • 教师能力与态度│         │ • 长期效果（如文化参与、│
│ B.学生特征      │          │   家庭语言）    │
│  • 语言能力     │          └─────────────────┘
│  • 语言性向与态度│
└─────────────────┘
          ┌─────────────────┐
          │ 情景变量        │
          │ A.社会性质：语言与文化│
          │ B.学校性质与目的│
          │ C.课堂性质（如语言平衡）│
          └─────────────────┘
```

图4-2 输入—输出—情景—过程双语教育模型

量包括语言能力、语言学知识、文化知识、课堂互动情况及教程应用；环境因素的属性变量指语言环境因素，包括社会语言与文化、学校性质与目的、课堂语言使用；学生自身因素的属性变量包括学生的语言能力、语言性向与态度。

（三）加德纳的第二语言习得社会教育理论

加德纳（Gardner）于1985年正式提出了第二语言习得社会教育模型，[①] 该模型从第二语言习得角度探讨了影响双语教育的社会和文化因素，其中并不涉及双语学生认知及学术能力的获得。在他提出的第二语言习得社会教育模型中包括四个层次的变量，分别为社会文化环境、个体差异、语言学习环境、语言学习结果。其中第二语言习得的结果分为两类，分别是语言的和非语言的。影响第二语言习得的直接因素是语言学习环境，社会文化环境直接作用于个体差异，而个体差异则通过作用于语言学习环境来影响学习结果。各影响因素之间的关系如图4-3所示。

---

① Colin Baker, *Foundation of Bilingual Education and Bilingualism*, London: Multilingual Matters Ltd., 1993, p. 97.

```
社会文化环境        个体差异         语言学习环境      语言学习结果

              ┌──→ 认知因素 ──→ 正式的  ──→ 语言的
  文化信仰 ──┤         ╲  ╱       ╲  ╱
              │          ╳           ╳
              │         ╱  ╲       ╱  ╲
              └──→ 情感因素 ──→ 非正式的 ──→ 非语言的
```

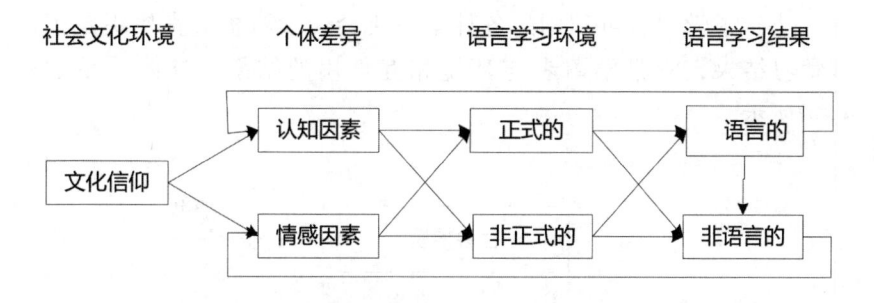

图 4-3　第二语言习得社会教育模型

从图 4-3 可以看出，加德纳的第二语言习得社会教育模型是个开放性的模型。该模型中有三个显性的影响因素，分别是学生、社会文化和语言环境，而社会文化和环境因素实际上包含着很多隐性的影响因素，如教师、家庭、同伴及学校等因素都可以在社会文化与语言环境的创建中发挥作用。该模型中强调学生个体差异对第二语言习得结果的影响，其中学生个体差异表现在双语学生认知和情感因素两个方面。语言环境分为正式的语言环境与非正式的语言环境，其中正式的语言环境直接影响学生双语能力的获得，间接影响学生非语言能力的获得；非正式的语言环境不仅直接影响学生双语能力的获得，而且还影响双语学生非语言能力的获得。

（四）斯波尔斯基的第二语言习得理论

伯纳德·斯波尔斯基[①]也从第二语言习得角度探讨了影响双语教育结果的因素，他同样强调自然情景下影响第二语言习得的因素，该模型同样并不涉及双语学生认知及学术能力的获得。他认为第二语言习得的结果包括个体的语言和非语言结果，是由学习者和环境相互作用的结果。社会情境引发各种学习态度，同时也提供了学习机会；各种学习态度在学习者身上就体现为具体的学习动机，学习动机伴随着学习者的特征（年龄、性格、能力、原有知识基础

---

① [以] 伯纳德·斯波尔斯基：《第二语言学习的条件》，上海外语教育出版社 2006 年版，第 28 页。

等）决定了学习者可利用的各种学习机会；学习机会直接决定了语言学习结果，它是学习者与环境相互作用的结果。具体关系如图4-4所示。

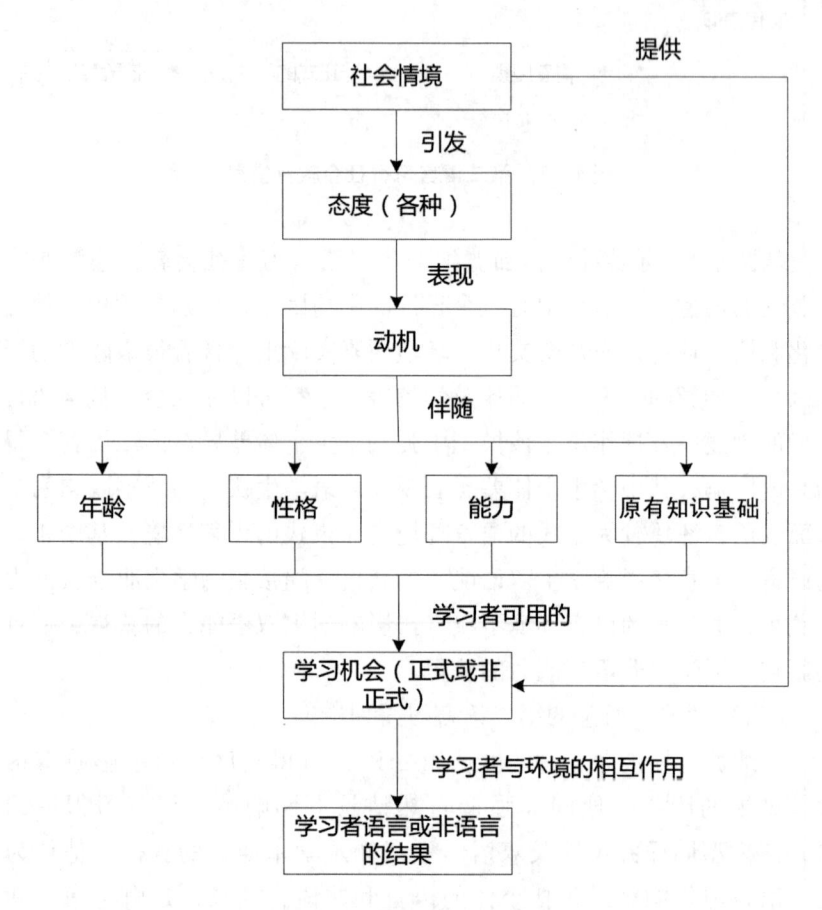

图4-4　第二语言习得模型

由图4-4可以看出，斯波尔斯基认为学习者的个体特征及社会情境的相互作用影响了第二语言习得的结果。其中学习者的个体特征包括年龄、性格、能力、原有知识基础及动机等；社会情境是一个非常广泛的概念，包括各种人的影响与文化环境等。

（五）双语教育中关于语言能力获得影响因素属性汇总

对双语教育理论的文献综述可以发现，学者们建立模型的出发点不同，总体上来说，学者们是从第二语言习得的角度来建立模型，更强调诸因素对第二语言习得的影响。但双语教育作为一种特殊的教育形式，其不仅应该只强调语言的习得，而且还要强调认知与学业能力的获得，虽然卡明斯的双语教育相互作用模型的输出中有关于学生认知与学术能力的获得，但其本质上还是突出了语言能力获得的影响因素。各个理论模型中影响第二语言习得的因素及属性汇总如表4-2所示。

表4-2 双语教育理论中关于第二语言习得影响因素及属性汇总

学者	影响因素及属性
卡明斯	儿童（语言能力、原有知识基础、学习动机）、教师（语言使用情况、态度、期望及教学行为）、家庭（对儿童双语教育的参与情况及态度）、社区变量（对儿童双语教育的参与情况及态度）
科林·贝克	教师（语言能力、语言学知识、文化知识、课堂互动情况及教程应用）、语言环境因素（社会语言与文化、学校性质与目的、课堂语言使用）、学生（语言能力、语言性向与态度）
加德纳	学生（认知因素和情感因素）、社会文化、语言环境（正式和非正式）
斯波尔斯基	学生（年龄、性格、能力、原有知识基础及动机）、社会情境

第二节 建构双语教育绩效系统概念模型的过程

著名的语言教育学家卡兹登（Cazden）和斯诺（Snow）曾经说过，双语教育是用一个简单的标签概括了一个复杂的现象。[①] 对双语教育这一复杂的系统工程来说，不论其目的是什么，都不可避免地要

---

① Courtney B. Cazden, Catherine E. Snow, "Englishplus: Issues in Bilingual Education", *The Annals of the American Academy of Political and Social Science*, April 1990, pp. 481–482.

涉及家庭、社区、学校、社会、国家和国际等诸多因素的影响。国内外学者分别从不同的角度研究了影响双语教育质量的因素。在研究中，双语教育质量通常体现为学生的学业成绩。

一 国外学者对双语教育影响因素研究

双语教育是教育领域的一个分支学科，影响一般儿童学业成就的因素也可能是影响双语儿童学业成就的因素，学者们对其进行了不同程度的研究。国外学者从影响双语儿童学业成就的角度，分别研究了影响双语教育的传统因素和一些双语教育所特有的因素。

（一）影响双语儿童学业成就的传统因素

有学者研究了儿童自身因素对双语教育绩效的影响。卡明斯[1]认为，少数民族儿童的学业失败的原因之一是双语学生的态度。科林·贝克[2]认为，对语言多样性所持有的不同语言观会影响到双语教育的实施。瑞兹（Rize）[3]总结了三种不同的语言观："作为问题的语言"观，即将语言多样性归结为引发各种不同社会问题的根源；"作为权利的语言"观，即认为语言权是公民权利的基本体现；"作为资源的语言"观，即认为语言是一种个人或国家的资源。他认为，不同的言语观会直接影响社会对待民族语言、文化等多样性的态度，进而会影响到双语教育的实施。麦金太尔（MacIntyre）和柯尔斯（Charos）[4]的研究发现，自我效能感和是否乐于交流是语言学习中最重要的影响因素。安吉拉·巴伦苏埃拉（Angela Valenzuela）[5]的研究表明，随着

---

[1] J. Cummins, "Age on Arrival and Immigrant Second Language Learning in Canada: A Reassessment", *Applied Linguistics*, February 1981, pp. 132 – 149.

[2] Colin Baker, *Foundations of Bilingual Education and Bilingualism*, Clevedon: Multilingual Matters Ltd., 2002, p. 368.

[3] 周瓦：《从不同的语言观看美国的双语教育之争》，《比较教育研究》2005 年第 8 期。

[4] P. D. MacIntyre, C. Charos, "Personality, Attitudes, and Affect as Predictors of Second Language Communications", *Journal of Language and Social Psychology*, March 1996, pp. 3 – 26.

[5] Angela Valenzuela, *Subtractive Schooling: U.S.-Mexican Youth and the Politics of Caring*, Albany: State University of New York Press, 1999, p. 247.

双语课程在美国的出现，教育者开始意识到社会阶层、学习者特征和动机等其他因素是影响美国拉丁族群学生学业成就的重要变量。

有学者研究了家庭因素及社区因素对双语教育绩效的影响。克拉克（Clark）①的研究发现，父母的参与是影响双语学生成就的重要因素。高成就的非洲裔美国学生的父母经常与他们的孩子交谈、定期参观孩子的学校，帮助、指导和教导他们的孩子，为孩子的行为建立了清晰和持续的规则，对孩子们的学业成绩和将来的大学成绩期望很高。另外一个影响学生学业成就的研究领域是社区，社区提供了不同的社会和文化资源去支持学生的学习和发展。

有学者提出了影响双语教育绩效的影响因素体系。克兰德尔（Crandall）指出，影响双语学生学业成绩的因素包括：社会文化因素（总的文化环境、民族、宗教、社会经济等）、家庭因素（家长的性格和对待子女学习的态度）、学校因素（在学校所受的教育、来自老师和同学的影响）、个人因素（个人的性格、智力、喜好、学习动机、学习态度、成功欲望等）。《科尔曼报告》指出，影响少数民族学业成就的学校因素有实验室的质量、教师水平和同伴的教育背景，此外学生态度因素对少数民族学生学业成就的影响至关重要。②约翰·奥格布（John Ogbu）认为，造成美国少数民族学生学业成就低下的最主要原因在于，少数民族语言文化与占支配地位的语言文化之间的关系。③

从上述研究可以看出，影响儿童学业成就的传统影响因素，如儿童自身因素、所在的家庭环境、社区环境等依然是影响双语儿童学业成就的重要影响因素。

（二）影响双语儿童学业成就的特殊因素

双语教育与其他形式的教育相比有其特殊性，一些双语所具有的

---

① C. A. Grant, T. K. Chapman, *History of Multicultural Education*, Volume Ⅲ Instruction and Assessment, New York: Routledge, 1983, p. 156.

② 王英杰:《美国教育》，吉林教育出版社2000年版，第380页。

③ 胡玉萍:《文化力量与非主流人群的教育策略——奥格布文化参照框架差异理论述评》，《社会》2006年第4期。

独特因素在影响着双语儿童的学业成就，如双语教育实施的时间、双语教育模式等。

接受双语教育的时间和阶段是双语教育所独有的特点，学者们很早就开始关注其对双语儿童学业成就获得情况的影响。克拉申（S. D. Krashen）认为，大量可理解语言信息的输入是儿童成功学习母语和成人外语学习失败的分水岭，接触目标语的时间量和使用目标语的多寡是决定性因素。卡罗尔（Carroll）在八个法语为外语的国家做研究时发现，时间是学习第二语言最重要的影响因素。学习者学习语言的时间越多，语言水平越高。儿童学习语言会比年龄大的学习者更高效，但这并不是关键期的缘故，而是因为他们受第二语言影响的时间更长。马兰洛文·托德（Marinova Todd）、马歇尔（Marshall）和斯诺（Snow）[1]认为，年龄确实对语言学习有影响，但这主要是因为它和其他一些可以影响第二语言水平的因素相联系，如社会、心理、教育因素等，而不是因为关键期限制了成年人学习语言的可能性。埃尔曼（Ehrman）[2]等人的研究发现，尽管年龄是学习者在通过说和读第二语言获得语言能力时的一个影响因素，但是另外的一些因素，比如认知能力和自信心也会对语言学习产生更大的影响力。

双语教育模式是体现双语教育特点的最重要特征之一，学者们对其进行了较为深入的研究。斯万[3]等人对加拿大不同地区、接受不同双语教育模式的1160名12年级学生的测试表明，学生开始接受双语教育的时间与其第二语言水平并不直接相关，影响双语教育效果的最主要的因素是浸入式教育模式的强度及教学方法。但年龄较大的双语者在某些语言技能学习方面效率会更高，并且他们会逐渐赶上并超过

---

[1] S. H. Marinova-Todd, D. B. Marshall and C. Snow, "EThree Misconceptions about Age and L2 Learning", TESOL Quarterly, October 2000, pp. 9 - 34.

[2] M. Ehrman, *Understanding Second Language Learning Difficulties: Looking beneath the Surface*, Thousand Oaks, CA: Sage Publication, 1996, pp. 205 - 216.

[3] M. Swain, S. Lapkin, "Interaction and Second Language Learning: Two Adolescent French Immersion Students Working Together", *Modern Language Journal*, June 1998, pp. 320 - 337.

那些接受浸入式双语教育更早的学生。斯万和拉普金等人①的研究表明,将法语过渡为第二语言方法对长期的学业成就和教育发展是有利的。接受早期浸入式双语教育的学生在听说能力方面会优于接受晚期浸入式双语教育的学生,但其在阅读理解和完形填空考试方面相对薄弱。

从上述文献综述看出,影响传统教育质量的一些因素,如学生、家庭及环境因素依然是影响双语儿童学业成就获得的因素。双语教育所具有的一些特殊特征,如开始接受双语教育的阶段、接受双语教育的时间及接受双语教育的模式同样在一定程度上影响着双语儿童学业成就的获得。由此可见,双语教育作为一种特殊的教育形式,其影响因素将更为复杂,不仅要考虑传统因素对其的影响,还要考虑双语教育所特有的因素对其的影响。

二 国内学者对双语教育影响因素研究

国内学者对双语教育影响因素的系统研究起步较晚,最初研究大多是对国外研究的介绍性研究,研究视角有宏观视角也有微观视角。近年来,国内学者的研究也更多地有了地域性、民族性特点,研究也正在从对国外研究的阐释转向本土化研究。

(一)宏观影响因素

因为我国教育基础薄弱,尤其是民族教育,许多学者从宏观视角提出了影响双语教育的因素。部分学者从宏观角度分析了影响我国少数民族双语教育的具体因素。滕星等人②从人类学田野工作入手,从现象学视角分析了山区拉祜族学生学业成就低下的原因,认为山区拉祜族所生活的自然生态环境及文化生态环境是山区拉祜族学生学业成就低下的主要影响因素。孔国忠③认为经济和教育落后、城乡区域差

---

① M. Swain, S. Lapkin, *Bilingual Education in Ontario: A Decade of Research*, Toronto: The Ontario Ministry of Education, 1981, pp. 86 – 92.
② 滕星、杨红:《西方低学业成就归因理论的本土化阐释——山区拉祜族教育人类学田野工作》,《广西民族学院学报》(哲学社会科学版) 2004 年第 3 期。
③ 孔国忠:《学生学业成就归因倾向及其效应的研究》,《阴山学刊》2002 年第 1 期。

异、教育贫困等是影响少数族群学生学业失败的因素。艾力依明[①]运用社会生态学的社会语言环境和生态环境分析法,指出影响和田中小学"维汉"双语教育实施的因素有双语教育政策、该地区的地理位置、生态环境、人口结构和现有教育资源水平。吴瑞林等人[②]在生态系统理论指导下,分析了宏观环境与政策制度、地区社会经济环境等因素对少数民族双语教育的影响。我国台湾学者谭光鼎[③]在对少数民族教育模式进行系统分析的基础上,结合台湾原住民的特点,提出了影响少数民族教育成就的五个主要因素:一是家庭文化资本,其会影响少数民族青少年的学习能力;二是语言与沟通形式,其会影响少数民族青少年对学校的适应;三是族群文化认同取向,其会影响少数民族青少年的教育价值观和学习动机;四是学校环境中的文化差异,其会影响少数民族青少年的人际关系;五是长期处于低的社会经济地位,其不利于少数民族青少年的学习态度与教育成就。通过对此类文献的梳理可以看出,影响少数民族双语学生学业成就的宏观具体因素大致包括自然环境因素、社会文化环境因素及经济因素等。

部分学者从宏观角度分析了影响我国少数民族双语教育的抽象因素。何俊芳[④]从民族内外的角度对我国少数民族双语教育影响因素进行了划分,分为国家因素和民族因素,国家因素是指来自民族外部的影响(包括国家性质、民族政策、语言教育政策等),民族因素是指来自民族内部的因素(包括人口数量、质量、素质、人口分布特点、地理生态环境、经济生态环境、教育水平、语言文字状况、教育观念及语言态度等)。余强[⑤]从社会心理学角度的研究认为社会结构、社

[①] 艾力依明:《多元文化整合教育视野中的"维汉"双语教育研究》,博士学位论文,中央民族大学,2007年,第167—170页。

[②] 吴瑞林、王莉、朝格巴依尔:《少数民族双语教育影响因素的分析与测量》,《黑龙江民族丛刊》2012年第5期。

[③] 谭光鼎:《原住民教育研究》,台北五南图书出版有限公司1988年版,第87—92页。

[④] 何俊芳:《中国少数民族双语教育研究——历史与现实》,中央民族大学出版社1998年版,第133—134页。

[⑤] 余强:《双语教育的心理学基础》,江苏教育出版社2002年版,第207页。

会文化和社会心理因素是影响少数民族儿童学业成就的主要因素。通过对此类文献的梳理可以看出,影响少数民族双语学生学业成就的宏观抽象因素大致包括国家政策因素、民族因素及社会心理因素等。

由以上文献研究可以看出,影响我国少数民族双语教育的宏观因素大致上属于环境因素,其中既有我国传统教育的影响因素（如地理环境因素、人文社会环境因素）,还有双语教育所特有的影响因素（如民族因素、语言环境因素）,因此对双语教育影响因素的研究不能完全脱离开对传统教育影响因素的研究。

（二）微观影响因素

部分学者根据我国民族特点,对影响双语教育的微观因素进行了调查研究,研究基本分为两大类,一类是来自学校的影响因素,一类是学校之外的影响因素。

有学者研究了来自学校的微观因素对双语教育的影响。王鉴[①]认为,在学校环境下,学校所提倡的学习方式、所采用的语言、教材等是影响少数民族学生学业成就和情感的主要因素。吴瑞林等人[②]在生态系统理论指导下,分析了学校办学条件与管理、教师与班级、学生家庭、学生自身对少数民族双语教育的影响。黄志荣等人[③]在对新疆南疆维吾尔族双语教育效果调查研究的基础上,认为对双语教育政策的认知、双语师资、双语教育模式、语言环境、双语教材、学习态度、教育发展平衡性等是影响南疆维吾尔族双语教育效果的主要影响因素。从中可以看出,影响少数民族双语学生学业成就的学校因素包括学校的管理、所创造的语言环境、教学条件等。

有学者在调查研究的基础上,分析了学校之外的因素对双语教育的影响。王斌华[④]指出,影响双语教育结果的核心变量是儿童的能力

[①] 王鉴:《多元文化教育比较研究》,民族教育出版社 2006 年版,第 34 页。

[②] 吴瑞林、王莉、朝格巴依尔:《少数民族双语教育影响因素的分析与测量》,《黑龙江民族丛刊》2012 年第 5 期。

[③] 黄志荣、罗会光、侯瑞华:《新疆南疆维吾尔族双语教育的影响因素探索》,《语言与翻译》2013 年第 3 期。

[④] 王斌华:《双语教育与双语教学》,上海教育出版社 2003 年版,第 57—58 页。

和动机。双语教师的教学在短时间内难以改变儿童的语言能力和学习能力，但是可以在很大程度上影响儿童的学习动机和学习态度。万明钢等人[①]采用自编问卷对影响甘南藏族儿童学习的有关因素进行了系统分析，研究结果发现早期教育、双语儿童的双语态度、语言需求、教育期望等直接影响双语儿童的双语学习；民族、性别、父亲文化和父母会话用语对双语儿童的学习影响很大；文化传统是影响双语儿童双语学习的潜在因素，但随着社会文化变迁其影响力将逐渐减弱。陈永明认为，影响双语教育的要素应该依次排列为学生、考试和评价制度、教师和教材。赵慧[②]认为，双语教育在具体实践中有许多的制约因素，其中教师的第二语言水平、学生的第二语言水平和教材制约着双语教育的实施。由此可见，影响少数民族双语学生学业成就的学校之外的因素包括学生自身、教师及家庭因素等。

由上述国内学者关于双语教育微观影响因素的文献研究可以看出，影响双语儿童学业成就的微观影响因素包括双语儿童自身、双语教师、学校及家庭等。这些影响因素中包含着双语教育所特有的一些属性，如双语儿童的双语能力、双语态度及语言需求等，双语教师的双语能力、双语教学能力等。

通过对研究国内双语教育影响因素的文献梳理可以看出，与国外学者对双语教育影响因素研究相比，我国学者的研究相对不够深入、细致，存在着实证研究与理论研究不能很好结合的问题。但可喜的是，我国学者对影响因素的研究有了本土化趋势，如影响因素中包括了民族文化、城乡差异、教育贫困、人口素质，这些都值得本研究参考借鉴。

通过对国内外关于双语教育影响因素相关文献的系统梳理可以看出，语言学家、心理学家、社会学家分别从不同角度研究了影响双语教育的因素，这就使得影响双语教育的因素非常得繁多，且不具有系

---

① 万明钢、刑强、李艳红：《藏族儿童的双语背景与双语学习研究》，《民族教育研究》1999年第3期。

② 赵慧：《双语教学纵横谈》，天津教育出版社2006年版，第52页。

统性，根本的原因是影响因素之间的关系不明确。这就需要明确影响双语教育因素之间的关系，对影响因素进行科学系统的归类。此外，已有研究存在的另一个问题，是将双语教育输出简单量化为双语学生的语言水平和学业成就，忽略了情感态度价值观等方面的研究。已有研究值得借鉴之处在于，国内外研究均表明，双语教育的影响因素不仅包括传统教育的影响因素（如学生、教师、学校、家庭、环境等），还包括双语教育所特有的一些影响因素（如开始双语教育阶段、已经接受双语教育时间及模式等）。

三 双语教育绩效系统中影响因素提取的过程

在对教育生产函数理论及双语教育理论进行深入分析的基础上，按照华莱士"科学环"中演绎式理论建构的思想，本研究进行了双语教育绩效影响因素概念模型的建构。

（一）双语教育绩效影响因素的提取

通过第一节对教育生产函数理论和双语教育理论的分析可以看出，教育生产函数理论中教育影响因素实际上隐含着对教育结果的影响因素，而双语教育理论实际上研究了影响双语教育中语言能力获得的因素。此外，按照第二章对教育绩效内涵的定义，可以看出教育绩效内涵不仅应该包括教育结果，而且包括教育这一行为的效率与效益，即一定投入下教育目标的实现程度。因此，双语教育绩效影响因素应该是教育绩效影响因素与双语教育中语言能力获得影响因素的并集，也就是图中三个圆环的并集部分。具体关系如图4-5所示。

其中，教育绩效影响因素由图中教育结果影响因素和图中的阴影部分构成，阴影部分表示影响教育绩效中除了教育结果以外、能够体现教育效率及效益的影响因素，实际上就是教育投入部分，包括人力、物力及财力的投入。

基于以上分析，双语教育绩效影响因素就是图4-5中教育结果影响因素（见表4-1）、双语教育中语言获得影响因素（见表4-2）及教育投入影响因素三个部分的总和，对其中相同的影响因素进行合

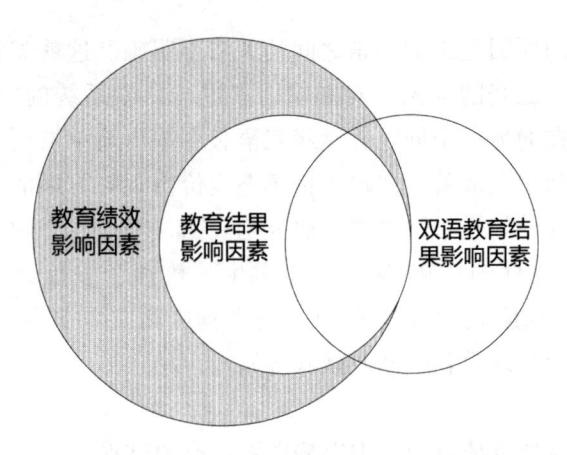

图 4-5　双语教育绩效影响因素构成

并、属性进行归类。合并汇总后的结果如表 4-3 所示。

表 4-3　　　　双语教育绩效影响因素及属性汇总

影响因素	属性
教师	社会性特征（民族、受教育程度）、教学经验（包括工作年限、职称、教学内容与方法、课堂互动情况及教程应用）、情感态度（态度、期望等）、语言能力（语言使用情况、语言学知识、文化知识）、教学能力、培训情况
家庭	父母受教育程度、家庭经济状况、对子女双语教育的参与情况及对双语教育的态度
同伴	学业情况、家庭经济状况、父母受教育程度、民族
学生自身	社会性特征（性别、民族、年龄）、心理特征与行为特征（学习动机、期望、努力程度、语言性向与态度、性格）、能力（语言能力、认知能力、原有知识基础）
环境	地理环境、人文社会环境（社区对儿童双语教育的参与情况及态度、学校管理）、语言环境（社会、学校及家庭使用语言）
教育投入	时间、人力、物力、财力

在表 4-3 中新增了两个影响因素，分别为环境因素和教育投入，其中环境因素包括地理环境、人文社会环境及语言环境，教育投入包括时间、人力、物力和财力投入。将表 4-2 中的社区变量与学校管理变量归并到了人文社会环境。将表 4-1 中的学校变量进行了分解，其中学校投入因素单独提取了出来，因为它与影响教育效率与效益的投入相同，学校管理和社区合并归类到了人文社会环境中。将表 4-1 中学生出生由地理环境变量来体现。各影响因素及属性的合并及归类考虑到了分类结果的系统性。

（二）双语教育绩效影响因素概念模型的建构

双语教育绩效影响因素是由双语教育绩效影响因素、影响因素之间的关系及作用机理构成。而双语教育绩效影响因素概念模型只需要明确影响因素及影响因素之间的关系，其中并不能体现出影响因素的作用机理。而要理论推演出双语教育绩效影响因素概念模型，其"覆盖率"只能是教育影响因素概念模型及教育绩效定义，因为双语教育影响因素概念模型主要关注的是对第二语言能力获得的影响。

关于教育影响因素概念模型比较全面而有影响力的是 2005 年联合国教科文组织亚太地区教育署在《领导与促进课程变革：提升能力资源包》中提出的影响教育质量提高的要素模型，[①] 如图 4-6 所示。

图 4-6 中涵盖了表 4-3 中所有影响因素，其中家庭因素、学校因素、教师因素、同伴因素被归入了不同的大类别中，家庭因素被归入了环境因素中，学校因素被归入了输入因素及教与学因素中，教师因素被归入了教与学因素与环境因素中，同伴因素被归入了环境因素中。本研究在建构双语教育绩效影响因素概念模型时，参考并借鉴了该模型的框架。

此外，根据教育绩效的定义，教育绩效是在一定教育投入下，教育领域组织或个人在实施教育过程中其行为对教育目标实现的贡献程

---

① 张树德：《当代澳大利亚有效课堂教学行为变革研究》，苏州大学出版社 2012 年版，第 68 页。

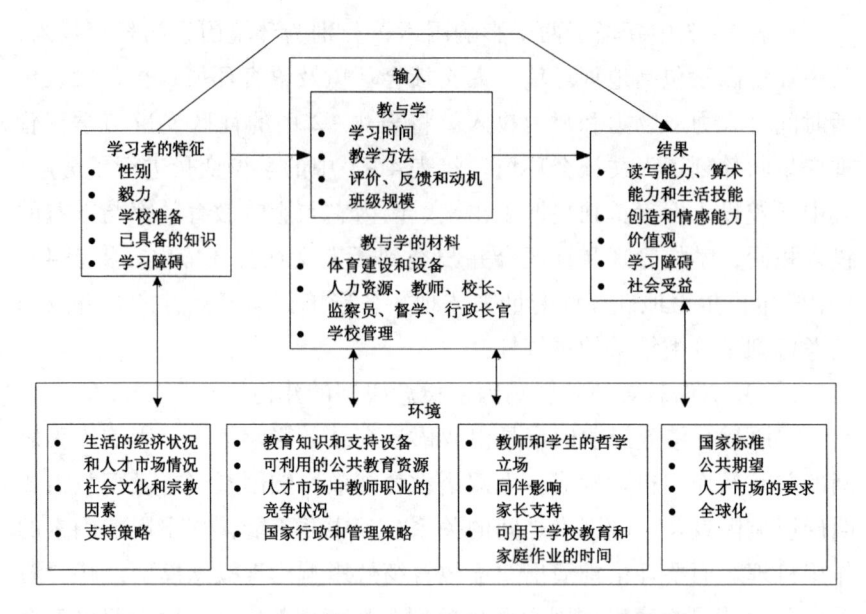

```
                              输入
                          ┌─────────────┐
                          │  教与学      │
                          │ • 学习时间   │
┌─────────────┐           │ • 教学方法   │          ┌─────────────┐
│ 学习者的特征 │           │ • 评价、反馈和动机│      │    结果      │
│ • 性别       │           │ • 班级规模   │          │ • 读写能力、算术│
│ • 毅力       │ ────────► ├─────────────┤ ────────►│   能力和生活技能│
│ • 学校准备   │           │ 教与学的材料 │          │ • 创造和情感能力│
│ • 已具备的知识│          │ • 体育建设和设备│        │ • 价值观     │
│ • 学习障碍   │           │ • 人力资源、教师、校长、│ │ • 学习障碍   │
└─────────────┘           │   监察员、督学、行政长官│ │ • 社会受益   │
      ▲                   │ • 学校管理   │          └─────────────┘
      │                   └─────────────┘                 ▲
      │                              环境                  │
      │   ┌─────────────┬─────────────┬─────────────┬─────────────┐
      └───│• 生活的经济状况│• 教育知识和支持设备│• 教师和学生的哲学│• 国家标准   │───┘
          │  和人才市场情况│• 可利用的公共教育资源│  立场        │• 公共期望   │
          │• 社会文化和宗教│• 人才市场中教师职业的│• 同伴影响    │• 人才市场的要求│
          │  因素        │  竞争状况    │• 家长支持    │• 全球化     │
          │• 支持策略    │• 国家行政和管理策略│• 可用于学校教育和│             │
          │             │             │  家庭作业的时间│             │
          └─────────────┴─────────────┴─────────────┴─────────────┘
```

图 4-6 联合国教科文组织提出的教育质量影响要素模型

度。在这一定义中，行为是中间环节，其能够产生有价值输出的前提条件是必须有输入环节，输入就是影响个人或组织行为的因素。具体如图 4-7 所示。

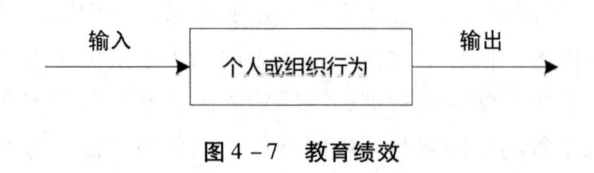

```
        输入      ┌─────────────┐     输出
        ────────► │ 个人或组织行为 │ ────────►
                  └─────────────┘
```

图 4-7 教育绩效

根据图 4-7 可以看出，在双语教育绩效中，双语教育这一行为是指双语教师与学生之间教学行为过程，输出结果是学生的认知能力、学业成绩、双语能力、文化及情感态度，输入是双语教育绩效所有影响因素，包括教师、学生、家庭、同伴、环境及教育投入。在对双语教育绩效输入、输出及中间环节进行分解的基础上，结合联合国教科文组织所提出的教育质量影响要素模型和科林·贝克的输入—输出—情景—过程双语教育模型，本研究建构出如图4-8所示的双语教育绩效影响因素概念模型。

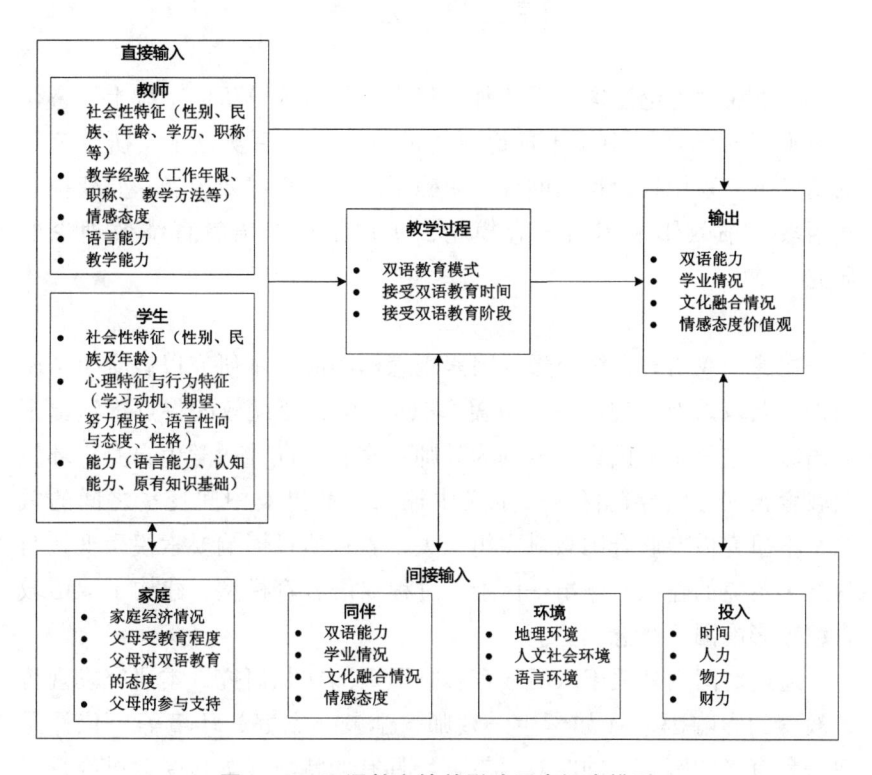

```
┌─────────────────────────────┐
│         直接输入             │
│ ┌─────────────────────────┐ │
│ │        教师              │ │
│ │ • 社会性特征（性别、民   │ │
│ │   族、年龄、学历、职称   │ │
│ │   等）                   │ │
│ │ • 教学经验（工作年限、   │ │
│ │   职称、教学方法等）     │ │
│ │ • 情感态度               │ │
│ │ • 语言能力               │ │
│ │ • 教学能力               │ │
│ └─────────────────────────┘ │
│ ┌─────────────────────────┐ │
│ │        学生              │ │
│ │ • 社会性特征（性别、民   │ │
│ │   族及年龄）             │ │
│ │ • 心理特征与行为特征     │ │
│ │   （学习动机、期望、     │ │
│ │   努力程度、语言性向     │ │
│ │   与态度、性格）         │ │
│ │ • 能力（语言能力、认知   │ │
│ │   能力、原有知识基础）   │ │
│ └─────────────────────────┘ │
└─────────────────────────────┘

      教学过程              输出
  • 双语教育模式        • 双语能力
  • 接受双语教育时间    • 学业情况
  • 接受双语教育阶段    • 文化融合情况
                        • 情感态度价值观

            间接输入
  家庭         同伴       环境        投入
• 家庭经济   • 双语能力  • 地理环境  • 时间
  情况       • 学业情况  • 人文社会  • 人力
• 父母受教   • 文化融合    环境      • 物力
  育程度       情况      • 语言环境  • 财力
• 父母对双   • 情感态度
  语教育
  的态度
• 父母的参
  与支持
```

图4-8　双语教育绩效影响因素概念模型

从图4-8中可以看出，双语学生与双语教师是双语教育绩效影响因素概念模型的直接输入变量，二者通过教与学的过程来影响双语教育绩效的获得。家庭、同伴、环境及投入因素是间接输入变量，其通过作用于双语学生、教师、教与学的过程及输出环节来影响双语教育绩效的获得，反过来这些间接输入变量又会受到直接输入变量、教学过程及输出环节的影响。由此可见，虽然双语教育的教学行为主要发生在学校，双语教师及学生是这一行为的主要影响因素，但家庭、同伴、环境及投入因素同样通过作用于双语教育的每个环节来影响最终绩效的获得，因此，在双语教育绩效影响因素中这些间接影响因素所发挥的作用也不容忽视。

第三节　小结

　　本章在对理论建构过程及研究范式进行深入分析的基础上，遵循华莱士"科学环"中关于理论建构的过程，在后实证主义研究范式的指导下，采用理论推演的方式明确了双语教育绩效内涵，并建构了双语教育绩效影响因素概念模型，实现了对双语教育绩效理论的研究。

　　在建构双语教育绩效影响因素概念模型时，本研究以教育生产函数理论及双语教育理论为"覆盖率"，结合教育绩效的特点推演出了双语教育绩效影响因素，分别为教师、家庭、同伴、学生自身、环境及教育投入。结合教育绩效定义中输入、输出及中间变量之间的关系，本研究借鉴联合国教科文组织关于教育质量影响要素模型框架与科林·贝克的输入—输出—情景—过程双语教育模型，建构了双语教育绩效影响因素概念模型。

　　通过对国内外关于双语教育影响因素的文献研究，本研究发现传统教育的影响因素（如学生、教师、学校、家庭、环境等）依然是双语教育影响因素，同时双语教育所具有的特征（如接受双语教育时间、阶段、模式等）也是双语教育的影响因素。同时，国内外关于双语教育影响因素的研究中存在的一个共有问题是理论研究与实证研究结合不紧密，致使双语教育影响因素过于繁多庞杂，不具有系统性。此外已有研究大多偏重对双语学生学业成绩的影响，忽略了对情感态度价值观方面的影响。

　　通过本章的文献研究，不但进一步明确了研究新疆中小学少数民族双语教育绩效影响因素的必要性，而且通过对教育绩效内涵与测量方法理解的深化及对双语教育影响因素的特点明确，使得本研究的思路更加清晰，并强化了研究的可行性。

第五章

新疆中小学少数民族双语教育绩效实践的设计

克雷斯韦尔（Creswell）认为，研究设计在研究中具有穿针引线的重要作用。① 新疆中小学少数民族双语教育绩效实践包括绩效现状、绩效改进及绩效评价研究，按照华莱士的"科学环"理论，理论在指导实践的同时，还需要在实践中得到检验和发展。

第一节 新疆中小学少数民族双语教育绩效内涵的研究

要进行新疆中小学少数民族双语教育绩效实践的研究设计，就必须首先明确新疆中小学少数民族双语教育绩效的内涵。根据前述对双语教育绩效内涵的研究，教育绩效内涵与教育目标密切相关，因此要明确新疆中小学少数民族双语教育绩效内涵，就必须深化对新疆中小学少数民族双语教育目标的理解。

新疆中小学少数民族双语教育的目标随着社会需要的发展是在不断发展的，20世纪90年代初新疆就提出了"民汉兼通"的新疆中小学少数民族双语教育发展目标。因此，依据对双语教育绩效内涵的界

---

① 蔡清田：《论文写作的通关密码》，华东师范大学出版社2012年版，第92页。

定，新疆中小学少数民族双语教育绩效应该是在以两种语言作为教学媒介的系统中，在教育投入一定的情况下学校所实施的双语教育过程对"民汉兼通"这一双语教育目标实现的贡献程度。要确定新疆中小学少数民族双语教育绩效内涵，就必须深化对"民汉兼通"这一目标的理解。

"民汉兼通"最早由新疆维吾尔自治区人民政府原副主席巴岱于1982年提出，是指在学好民族语的基础上学好汉语。很长时间以来，大多数人对"民汉兼通"的理解，仅限于两种语言都要兼通这一层面上，差异仅在于兼通的深度会有所不同。对"民汉兼通"理解的不同，导致了新疆中小学少数民族双语教育实践中出现了只注重双语能力培养，特别是汉语能力培养，而忽视学科内容学习的现象普遍存在。在新疆中小学少数民族双语教育开展的过程中，为纠正对"民汉兼通"这一目标的片面理解，学者们从不同角度重新解释了"民汉兼通"的内涵。目前，大家一般认为"民汉兼通"应该包括双语能力目标、学科课程目标及社会文化目标。① 其中，双语能力目标应该包括民族语及汉语能力达到相应的要求；学科课程目标应该包括学科内容的学习应该达到相应的课程要求；社会文化目标包括两种文化能力。在对该目标的解读中，将两种文化能力等同于情感态度价值观的培养，这无形当中缩小了情感态度价值观所涵盖的范围，因此基于本研究的需要，有必要从双语教育绩效的角度重新解读"民汉兼通"这一目标。

新疆地区"民汉兼通"这一目标提出与民族教育质量，特别是理科类课程的教育质量有关。数学学科的逻辑性与抽象性是任何其他学科所无法比拟的，数学学科最能反映人的高级思维能力，加拿大与美国等国家通常以双语学生的数学课程成绩作为衡量双语教育质量的重要指标。因此，本研究认为在新疆中小学少数民族双语教育"民汉兼

---

① 方晓华、张兴：《"民汉兼通"的内涵及目标定位》，《新疆社会科学》2012年第3期。

通"这一目标中学科能力的培养方面应该包括能够反映理科类课程学习情况的内容。由理科类课程学习情况及学业成就获得情况来共同体现"民汉兼通"这一双语教育目标中的认知能力。从绩效角度来说，学业成就获得情况并不单纯指学习成绩，还应该包括学业进步情况，这一观点可以从国外教育绩效责任的研究中得到支持。美国教育问责论坛（Forum on Educational Accountability，FEA）是由全美151个全国性组织构成的联盟体，该组织围绕着《不让一个孩子落伍》法案（*No Children Left Behind Act*）的重新授权问题提出了一系列的修正意见。FEA①的主张之一就是要求调整评估学生学业进步的标准，FEA认为将标准化考试获得的成绩作为评估学生的唯一依据是极其有害的，提出应该以学业成绩的增长来衡量学生学业进步，并考虑到学生的实际表现。由美国田纳西州立大学统计学家威廉·桑德斯（William Sondes）倡导的增值绩效评价方法，要求用学校与自身以前的成就水平进行纵向比较来衡量学校责任绩效，而不是与其他学校的横向比较来衡量教育绩效。②因此，本研究认为"民汉兼通"中认知能力应该由理科类课程学习情况、学业成绩情况及学业成绩提高情况等来体现。

此外，按照双语教育绩效内涵的界定，本研究还需要对"民汉兼通"这一目标中的社会文化融合情况及相应情感态度价值观进行细化。加拿大安大略省对完全浸入式双语学生情感态度的测量值得借鉴，测试是要求被试写一篇题目为《我为什么喜欢做加拿大人》的作文，在对作文内容进行分析的基础上判断其情感价值观情况。③这种测试方法无疑有值得借鉴之处，但将国家的情感态度直接等同于情感态度价值观，实质上缩小了情感态度的范围，因此有必要进行更进

---

① 高展鹏、洪明：《影响美国联邦基础教育立法与决策的新兴压力集团——"教育绩效论坛"（FEA）的改革主张》，《外国中小学教育》2011年第11期。

② 李敏：《教育绩效责任制度实施现状与发展趋势——以美国基础教育为例》，《外国中小学教育》2007年第12期。

③ 余强：《国外双语教育的理论和实践》，陕西人民教育出版社2006年版，第109页。

一步的细化研究。根据新疆中小学少数民族双语教育的特点，社会文化融合情况应该可以分解为两种层面的文化融合，一种是日常生活层面的文化融合，另一种是相对比较深层次的学术层面的文化融合。在情感态度价值观方面，情感态度分为两种，一种是对学业的态度，另一种是对双语教育的态度；价值观分为两种，一种是个人层面的价值观，由愿望与理想构成，另一种是国家层面的价值观，由对国家的情感态度构成。

基于以上分析，本研究认为新疆中小学少数民族双语教育中"民汉兼通"这一目标应该包括双语能力（民族语水平与汉语水平）、认知能力（理科类课程学习情况、学业成绩情况及学业成绩提高情况）、社会文化融合情况（日常层面文化融合及学术层面文化融合）及相应情感态度价值观（对学业的态度、对双语教育的态度、愿望、理想及对国家的情感）。因此，新疆中小学少数民族双语教育绩效是在以两种语言作为教学媒介的系统中，在教育投入一定的情况下，新疆中小学少数民族双语学校所实施的双语教育过程对双语学生双语能力（民族语水平与汉语水平）、认知能力（理科类课程学习情况、学业成绩情况及学业成绩提高情况）、社会文化融合情况（日常层面文化融合及学术层面文化融合）及相应情感态度价值观（对学业的态度、对双语教育的态度、愿望、理想及对国家的情感）等目标实现的贡献程度。

第二节　新疆中小学少数民族双语教育绩效调查问卷的设计

要建构新疆中小学少数民族双语教育绩效就必须深入新疆中小学少数民族双语教育实际，获得其实施情况的第一手资料。如前社会科学研究范式所述，获取第一手资料可以采用解释主义的研究范式进行个案的质性研究，也可以采用后实证主义的研究范式进行大规模的调查研究，通过对调查研究结果进行分析实现从解释到理解的跨越，当然也可以采用实证主义范式进行定量研究。新疆地广人稀，各地实施少数民族双语教育的条件差距很大，很难通过个别个案的质性研究来反映新疆中小学少数民族双语教育实施情况的全貌，只有通过实施大范围的调查研究才有可能反映出新疆中小学少数民族双语教育实践的真实情况，因此有必要通过调查研究来建构新疆中小学少数民族双语教育绩效影响因素。

通过已有文献研究可以看出，目前并没有现成的可供借鉴或参考的教育绩效系统调查问卷，因此必须自行设计新疆中小学少数民族双语教育绩效影响因素调查问卷。在双语教育实施过程中，双语学生及双语教师是双语教育的直接参与者，其对双语教育的体验也最真切，因此本研究分别设计了新疆中小学少数民族双语教育绩效影响因素双语学生调查问卷与教师调查问卷，以求全面了解新疆中小学少数民族双语教育绩效影响因素、影响因素之间的关系及作用机理。

一 双语学生调查问卷的设计

新疆中小学少数民族双语教育绩效影响因素双语学生调查问卷主要由两部分问题组成，一是能够体现新疆中小学少数民族双语教育绩效内涵的问题，二是能够体现新疆中小学少数民族双语教育绩效影响因素的问题。

（一）双语学生问卷中双语教育绩效内涵相关问题的设计

双语教育绩效的测量要体现出双语教育这一行为对学生发展所产生的影响，这就需要对双语学生进行一段时期的追溯研究。在有限的研究时间里如何追溯双语教育这一行为对双语学生的影响，本研究采用了逆向思维的方法来解决这一问题。每个双语学生目前的状态都是其曾经历过或者正在经历的双语教育这一行为的结果，因此对双语学生进行回溯研究来实现对双语教育的测量，从某种意义上来说比对双语学生进行追溯研究更有意义。在这一研究思路的指导下，本研究对"民汉兼通"这一双语教育目标的每一个分解项有针对性地设计了调查问题，并且问题的设计考虑到了被调查对象的基本特征，遵循简单、明确及可测量等原则。其中，双语教育绩效各个维度在问卷中对应的问题如表 5-1 所示。

表 5-1 双语学生问卷中双语教育绩效水平分解与调查问题对应情况

绩效水平	分解项	问卷中对应问题
双语能力	本民族语水平	你的本民族语水平怎样（划分标准：与民族学校同龄人相比）
	汉语水平	你目前的汉语水平为（划分标准：日常交流与上课）
认知能力	课程学习情况	你学得最好的课程是
		你最喜欢的课程是
	学业成就获得情况	你的学习成绩怎样
		在过去的一年时间里，你的学习成绩有提高吗
社会文化融合及相应情感态度价值观	两种文化融合情况	你喜欢看什么语言类型的电视节目
		你喜欢老师用什么语言上课
	对学业的态度	你喜欢上学吗
	对双语教育的态度	与用本民族语教学相比，你认为双语教学的优点是
		与用本民族语教学相比，你认为双语教学的缺点是
		通过接受双语教育，你的收获有哪些
	价值观	今年最大的愿望是什么
		长大后的理想是什么
		题目为《我为什么喜欢做中国人》的作文

问卷中，双语能力包括本民族语水平与汉语水平。本民族语水

平是与接受本民族语教育同龄人比较的结果,划分为四个等级,分别为"与接受本民族语教育同龄人相当""比接受本民族语教育同龄人差""比接受本民族语教育同龄人好"及"没有比过"。汉语水平是从语言应用的角度进行划分的,共分为三个等级,分别为"上用汉语讲授的课没问题""上用汉语讲授的课程还有点问题但日常交流没问题"及"上用汉语讲授的课完全听不懂,日常交流也有问题"。

  课程学习情况由两个问题组成,分别为学的最好课程类别及最喜欢的课程类别,主要用于了解双语学生理科类课程学习情况。课程类别的划分按照传统课程划分方法,分为文科、理科及音体美三类。

  在做本研究的文献调研过程中,通过查阅新疆很多所中小学少数民族双语学校关于双语教育的自查自评报告,笔者发现新疆中小学少数民族双语学生的学科成绩非常不理想。南疆一所乡镇中心小学双语教育自查自评报告中的数据最能反映出新疆中小学少数民族双语教育质量存在的普遍问题。该报告显示本校双语班学生数学学科各年级期末考试合格率平均只有15%左右,语文成绩合格率平均只有10%左右,民族语语文成绩合格率平均在60%左右,其他课程成绩合格率平均在80%左右。很多双语学校在其自查自评报告里都用"合格率不高"等字样来描述其双语教育质量。因此单纯用双语学生的成绩来衡量其学业成就没有太大的意义,所以本研究采用学生自评的方式,通过双语学生对其学业成绩状况及学业成绩提高情况的自我评价来反映其学业成就获得情况。学业成就获得情况由学习成绩情况及过去一年学习成绩提高情况两个问题组成。其中学习成绩情况分为"非常好""很好""一般""不太好""很差"五个等级,过去一年学习成绩提高情况分为"提高很多""提高一点""没有提高""有点退步""退步很多"五个等级。

  两种文化融合情况由喜欢看的电视节目语言类型和喜欢老师上课的语言类型两个问题构成,分别用于反映日常层次的文化融合与学术层次的文化融合情况。喜欢看的电视节目语言类型分为"汉语""民族语""都喜欢"和"都不喜欢"四个等级,其中"都喜欢"表示日常层面的文化程度最高,其次为"汉语",再次为"民族语",最后为"都不喜欢"。喜欢老师上课的语言类型分为"汉语""民族语"和"无所谓"三个等级,其中"无所谓"表示学术层面的文化融合程度最高,其次为"汉语",最后为"民族语"。

对学业的态度由是否喜欢上学这一个问题组成。喜欢上学的程度分为"非常喜欢""喜欢""一般""不喜欢""非常不喜欢"五个等级,对上学的喜欢程度越高表示对学业的态度越积极。

对双语教育的态度由对双语教育优点的评价、缺点的评价及接受双语教育后的收获三个问题组成。在对双语教育评价时,如果一个学生认为双语教育的优点越多、缺点越少、取得的收获越多,则表示其对双语教育的态度越积极坚定。其中对优缺点的评价考察态度的积极性,接受双语教育后的收获考察态度的坚定性。

价值观由今年最大的愿望、长大后的理想和喜欢做中国人的原因三个问题组成。其中今年最大的愿望及长大后的理想是填空题,用来反映双语学生个人层面的价值观;喜欢做中国人的原因是用一篇题为《我为什么喜欢做中国人》的作文来实现,用来反映双语学生对国家层面的价值观。本研究中用愿望的多样性及理性的明确性来衡量个人层面的价值观,以喜欢做中国人愿意数来衡量国家层面的价值观。

(二)双语学生问卷中双语教育绩效影响因素相关问题的设计

前述对双语教育绩效影响因素及属性进行了系统的梳理,具体结果如表4-2所示,它是设计新疆中小学少数民族双语教育绩效调查问卷中影响因素具体问题的基础。本研究在此基础上,根据新疆中小学少数民族双语教育的特点,从被调查对象自我评价的角度设计了新疆中小学少数民族双语教育绩效学生调查问卷中影响因素相关问题。绩效影响因素各个属性在问卷中对应的问题如表5-2所示。

表5-2 双语学生问卷中影响因素属性与问卷中问题的对应情况

类别	影响因素	属性		问卷中对应问题
传统教育的影响因素	学生自身	性别		你的性别
		就读阶段		你目前所属年级
		对双语教育的适应情况		你能够适应目前的双语教学吗
		愿意接受双语教育情况	是否自愿接受双语教育	你是自愿接受双语教学的吗
			愿意接受双语教育阶段	你希望何时开始接受双语教育
			愿意接受双语教育模式	相比而言,你更愿意接受何种形式的双语教学
	家庭	家庭经济状况		你的家庭经济情况如何
		父母受教育程度		你父母中学历最高者的受教育情况
		对学业的支持参与		你父母是否支持你上学
		对双语教育的双语教育		你父母是否愿意你上双语班
	环境	地理环境	户口性质	你户口的性质
		人文社会环境	所在地区人口特点	你所生活地区的人口特点
		语言环境	家庭使用最多语言	你在家使用最多的是何种语言
			课间使用最多语言	你在课间主要使用何种语言与同学交流
			课堂使用最多语言	你在课堂上使用最多的是何种语言
			日常语言使用情况	日常生活中你有机会使用汉语吗

续表

类别	影响因素	属性	问卷中对应问题
双语教育所特有的影响因素	已经接受双语教育情况	已经接受双语教育年数	包括今年,你已经接受了多少年的双语教育
		已经接受双语教育阶段	你从何时开始接受双语教育的
		已经接受双语教育模式	你目前正在接受何种形式的双语教学
新疆所特有的影响因素	地理环境	地理位置	你目前所就读学校
	人文社会环境	管理体制	你目前所就读学校
	学生自身	民族	你的民族

表5-2中依据前期的研究假设将影响因素进行了分类,学生自身因素的"就读阶段"属性对应着表4-2中的"年龄"属性,"愿意接受双语教育情况"对应着"语言性向与态度","已经接受双语教育情况"对应着"原有知识基础"与"教育投入";表5-2中家庭因素的"是否支持上学"及"是否支持接受双语教育"对应着表4-2中"对子女双语教育的参与情况"及"对双语教育的态度";同伴因素的影响需要根据划分标准进行数据处理,不需要单独列出,教师因素的影响在教师调查问卷中体现,有些能直接对应到问题的属性没有单独提及。需要特别指出的是,因为学生的成长是不可逆的,与人力、物力及财力的投入相比,教育中最大的投入是时间,一定的时间投入在一定程度上可以估算出相应的人力、物力及财力投入,所以本研究中用接受双语教育时间这一时间投入来代表双语教育中人力、物力及财力的投入。

新疆中小学少数民族双语教育绩效双语学生调查问卷具体设计结果在附录1中列出。

二 双语教师调查问卷的设计

本研究中另外设计了新疆中小学少数民族双语教育绩效影响因素

双语教师调查问卷，期望从教师的视角了解其所在学校双语教育绩效及教师因素的不同属性对双语教育绩效的影响。双语教育因素各属性在问卷中对应的具体问题如表 5-3 所示。

表 5-3　双语教师问卷中双语教育绩效影响因素属性与问卷中问题的对应情况

属性		问卷中对应问题
个人基本情况	性别	您的性别
	民族	您的民族
	学历	您的学历
	年龄	您的年龄
	职称	您的职称
	教龄	您的教龄
	所教课程类型	您所教课程
双语能力	汉语水平	您目前的汉语水平为（以能否上双语课进行划分）
	民族语水平	您的民族语水平如何（以能否上双语课并与民族学生沟通情况进行划分）
教学能力	教学效果	您认为目前自己的双语教学效果如何
	胜任力	您认为自己能否很好地胜任目前的双语教学
对双语教育的性向	双语教学成就感	与用本民族语言进行教学相比，双语教学能否带给您教学成就感
	从事双语教育的意愿	如果可以选择，您是否愿意从事双语教学
	让自己孩子接受双语教育意愿	您是否愿意您的孩子接受双语教育

续表

属性		问卷中对应问题
对双语教育的看法	适应双语教育年数	据您的观察,少数民族学生完全适应双语教学至少需要几年时间
	适合双语教育模式	您认为双语课堂中用何种语言教学更利于学生的学业
	适合双语教育阶段	您认为双语教学从何时开始最有利于学生的发展
对双语教育的评价	双语教育的优点	您认为双语教学的优点是什么
	双语教育的缺点	您认为双语教学的缺点是什么
接受培训情况	曾接受过的双语教育培训形式	为了更好地进行双语教学,您曾经接受过何种形式的双语培训
	双语教育培训的效果	您认为您所接受过的双语教育培训效果怎么样

新疆中小学少数民族双语教育绩效双语教师调查问卷具体设计结果在附录2中列出。问卷设计好之后,笔者就问卷的效度问题与两位专家进行了交流,问卷的内容基本得到了专家的肯定,这在一定程度上保证了问卷的效度。此后,笔者又选择了M县一所双语学校的90位双语学生及18位双语教师进行了预调查,并对调查结果进行了分析,问卷信度在可接受范围之内,说明问卷可以使用。

第三节 研究设计

梅雷迪斯·高尔(Meredith D. Gall)等人[①]在其著名的《教育研究方法导论》中指出,研究目的决定研究设计。为了建构新疆中小学少数民族双语教育绩效影响因素,就需要对双语教育绩效影响因素一般理论与新疆中小学少数民族双语教育绩效影响因素进行系统研究。

---

① M. D. Gall, J. P. Gall and W. R. Borg, *Educational Research: An Introduction* (7th Ed.), Boston: Pearson Education Inc, 2002, p. 121.

第五章　新疆中小学少数民族双语教育绩效实践的设计

新疆中小学少数民族双语教育已经实施多年，国家为此投入了大量的人力和物力，但新疆中小学少数民族双语教育绩效的提升并不明显。如何才能提升新疆中小学少数民族双语教育绩效，是困扰新疆少数民族双语教育界多年的问题。本研究旨在促进新疆中小学少数民族双语教育绩效的提高，为实现这一目标，需要明确新疆中小学少数民族双语教育绩效影响因素、影响因素之间的关系及作用机理，以建构新疆中小学少数民族双语教育绩效影响因素，在此基础上识别出新疆中小学少数民族双语教育中存在的绩效问题，从而找到从根本上改进新疆中小学少数民族双语教育绩效的措施。

一　研究假设与研究内容

在前期文献研究的基础上，本研究提出了关于新疆中小学少数民族双语教育绩效影响因素的一些研究假设，并根据研究目标对研究内容进行了分解。

（一）研究假设

新疆中小学少数民族双语教育绩效影响因素是本研究的核心，本研究对新疆中小学少数民族双语教育绩效影响因素提出了以下三方面的研究假设。

1. 传统教育的影响因素依然是影响新疆中小学少数民族双语教育绩效的因素

新疆中小学少数民族双语教育虽然有其特殊性，但其依然属于教育学这个大的范畴。因此，本研究提出研究假设认为，传统教育的影响因素包括学生、教师、家庭、同伴及环境等依然是新疆中小学少数民族双语教育绩效的影响因素。

2. 双语教育所特有的一些影响因素依然是影响新疆中小学少数民族双语教育绩效的因素

新疆中小学少数民族双语教育是双语教育的一种具体实现形式。因此，本研究提出研究假设认为，双语教育所特有的一些影响因素包括开始接受双语教育阶段、接受双语教育模式及已经接受双语教育时间依然是新疆中小学少数民族双语教育绩效的影响因素。

3. 新疆所特有的因素影响着新疆中小学少数民族双语教育绩效

新疆地域广袤，中部的天山山脉将新疆一分为二，天山以南为南疆，天山以北为北疆，新疆百万人口以上的少数民族有维吾尔族与哈萨克族，维吾尔族的聚居区主要集中在南疆地区，而哈萨克族的聚居区主要集中在北疆地区。此外，新疆同时存在着新疆地方与新疆生产建设兵团两种不同的行政管理机制，两种管理机制所辖地区遍布全疆且相互交错，有些地方地理位置毗邻，居住着不同的民族，形成了完全不同的人文社会环境。因此，本研究提出研究假设认为，新疆所特有的地理人文环境包括南北疆、民族及管理体制是影响新疆中小学少数民族双语教育绩效的因素。

（二）研究内容

本研究的主要目标是建构新疆中小学少数民族双语教育绩效影响因素，并希望在此基础上提出改进新疆中小学少数民族双语教育绩效的措施，为了实现以上研究目标需要完成以下研究内容。

1. 双语教育绩效理论研究

与传统教育相比，少数民族双语教育确实处于相对特殊的环境中，有其特殊的影响因素。新疆中小学少数民族双语教育只是双语教育的一种具体实施方式，双语教育的影响因素应该是建构新疆中小学少数民族双语教育绩效影响因素的一般基础。因此有必要先进行双语教育绩效理论的研究，然后在此理论指导下进行新疆中小学少数民族双语教育绩效影响因素的实践研究。其中，双语教育绩效理论研究内容包括对双语教育绩效内涵及双语教育绩效影响因素概念模型的研究。

2. 新疆中小学少数民族双语教育绩效影响因素的建构

（1）新疆中小学少数民族双语教育绩效影响因素建构的设计与实现

要实现对新疆中小学少数民族双语教育绩效影响因素的研究，必须首先进行新疆中小学少数民族双语教育绩效影响因素建构的研究设计，研究设计包括采用何种方法进行系统的建构、建构工具的选择及开发等。然后需要选择研究样本，实施研究设计，并对研究结果进行信度与效度的检验。

(2) 新疆中小学少数民族双语教育绩效影响因素、影响因素之间的关系及作用机理研究

新疆中小学少数民族双语教育绩效影响因素是由新疆中小学少数民族双语教育绩效影响因素、影响因素之间的关系及作用机理构成的。因此要研究新疆中小学少数民族双语教育绩效影响因素，必须首先明确新疆中小学少数民族双语教育绩效影响因素，此后才能进行因素之间关系的研究，最后才能确定影响因素的作用机理。

3. 新疆中小学少数民族双语教育绩效改进措施研究

在所建构的新疆中小学少数民族双语教育绩效影响因素模型的基础上，识别出新疆中小学少数民族双语教育中存在的绩效问题，对其存在的原因进行分析，并据此提出相应的改进措施。因此，新疆中小学少数民族双语教育绩效改进的研究内容包括对新疆中小学少数民族双语教育绩效问题的研究及原因分析，以及提出新疆中小学少数民族双语教育绩效改进措施。

4. 新疆中小学少数民族双语教育绩效评价研究

在新疆中小学少数民族双语教育绩效影响因素的基础上，通过德尔菲法明确新疆中小学少数民族双语教育绩效评价指标，在评价指标的基础上，利用层次分析法确定新疆中小学少数民族双语教育绩效评价指标权重，最终建构出新疆中小学少数民族双语教育绩效评价指标体系。

二 研究思路与方法

（一）研究思路

本研究遵循"变量定义→假设陈述→模型建构→实证检验→结果分析→对策建议"的研究思路。先根据新疆中小学少数民族双语教育特点，提出关于双语教育绩效测量与影响因素的研究假设；然后进行双语教育绩效内涵研究，并建构双语教育绩效影响因素理论模型，完成双语教育绩效影响因素一般理论研究；接着建构新疆中小学少数民族双语教育绩效影响因素模型，对双语教育绩效影响因素一般理论模型进行实证检验；然后识别出新疆中小学少数民族双语教育中存在的绩效问题，并提出绩效改进措施；最后确定新疆中小学少数民族双语

教育绩效评价指标及其权重，构建出绩效评价指标体系。

首先，进行双语教育绩效影响因素一般理论研究。首先，在教育目标分类学的指导下，对教育经济与管理与绩效技术相关文献进行深入研究，之后，结合双语教育相关理论，明确双语教育绩效内涵；其次，在教育经济学中教育生产函数及双语教育影响因素相关文献的基础，理论推演出双语教育绩效影响因素概念模型。

其次，建构新疆中小学少数民族双语教育绩效影响因素。建构新疆中小学少数民族双语教育绩效影响因素需要完成两方面的研究内容，一是进行新疆中小学少数民族双语教育绩效影响因素建构的设计与实现，二是进行新疆中小学少数民族双语教育绩效影响因素、影响因素之间的关系及作用机理的研究。要进行新疆中小学少数民族双语教育绩效影响因素建构的设计与实现，就要在对新疆中小学少数民族双语教育目标相关文献进行研究的基础上，结合双语教育绩效内涵研究，理论推演出新疆中小学少数民族双语教育绩效内涵；在新疆中小学少数民族双语教育绩效内涵与双语教育绩效影响因素概念模型的基础上，设计出新疆中小学少数民族双语教育绩效调查问卷；在对调查问卷信度效度进行校验的基础上，选择调查对象，完成对新疆中小学少数民族双语教育绩效影响因素的调查研究。要进行新疆中小学少数民族双语教育绩效影响因素、影响因素之间的关系及作用机理的研究，就要在对新疆中小学少数民族双语教育绩效调查结果进行定量与定性分析的基础上，利用相关分析，明确新疆中小学少数民族双语教育绩效影响因素，再利用专家咨询法对影响因素进行校验；通过两轮专家咨询实现对新疆中小学少数民族双语教育绩效影响因素重要性的判别，明确新疆中小学少数民族双语教育绩效影响因素的主次关系；在对相关分析统计结果进行深入分析的基础上，明确各影响因素内在作用方式，通过对影响因素之间关系的分析，明确影响因素的作用规则，通过对影响因素作用过程的分析，明确影响因素的作用原理，从而实现对新疆中小学少数民族双语教育绩效影响因素的建构。

接着，进行新疆中小学少数民族双语教育绩效改进措施研究。在所建构的新疆中小学少数民族双语教育绩效影响因素的基础上，利用绩效分析技术，明确新疆中小学少数民族双语教育绩效现状与预期绩效之间的差距，并对绩效差距存在的原因进行分析，最终提出新疆中小学少数民族双语教育绩效改进措施与建议。

最后，建构出新疆中小学少数民族双语教育绩效评价指标体系。在新疆中小学少数民族双语教育绩效现状与影响因素的基础上，利用德尔菲法确定影响新疆中小学少数民族双语教育绩效评价指标，利用层次分析法确定新疆中小学少数民族双语教育绩效评价指标权重，最终构建新疆中小学少数民族双语教育绩效评价指标体系。

技术路线如图 5-1 所示。

（二）研究方法

本研究采用定性和定量相结合的研究方式，既强调理论架构与研究视角创新，又结合实践进行了研究。

1. 文献研究法

本研究运用文献研究法系统梳理了双语教育与教育绩效相关文献，结合语言习得理论、多元文化教育理论、绩效技术理论，进行了教育绩效内涵、双语教育绩效内涵的研究；在对新疆双语教育目标及实施情况相关文献进行研究的基础上，进行了新疆中小学少数民族双语教育绩效内涵的研究；在教育生产函数及双语教育理论相关文献研究的基础上，进行了双语教育绩效影响因素概念模型的研究。

2. 理论推演

理论推演是本研究中使用最多的方法，一方面用于双语教育绩效影响因素一般理论研究，包括教育绩效内涵、双语教育绩效内涵及双语教育绩效影响因素概念模型的建立；另一方面用于新疆中小学少数民族双语教育绩效内涵的研究及新疆中小学少数民族双语教育绩效影响因素作用机理的分析。

3. 调查研究法与专家咨询法

调查研究法主要用于问卷调查，以进行新疆中小学少数民族双语教育绩效现状及影响因素的研究。专家咨询法主要用于对新疆中小学少数民族双语教育绩效影响因素的校验与修正，及对影响因素重要性程度的判断。

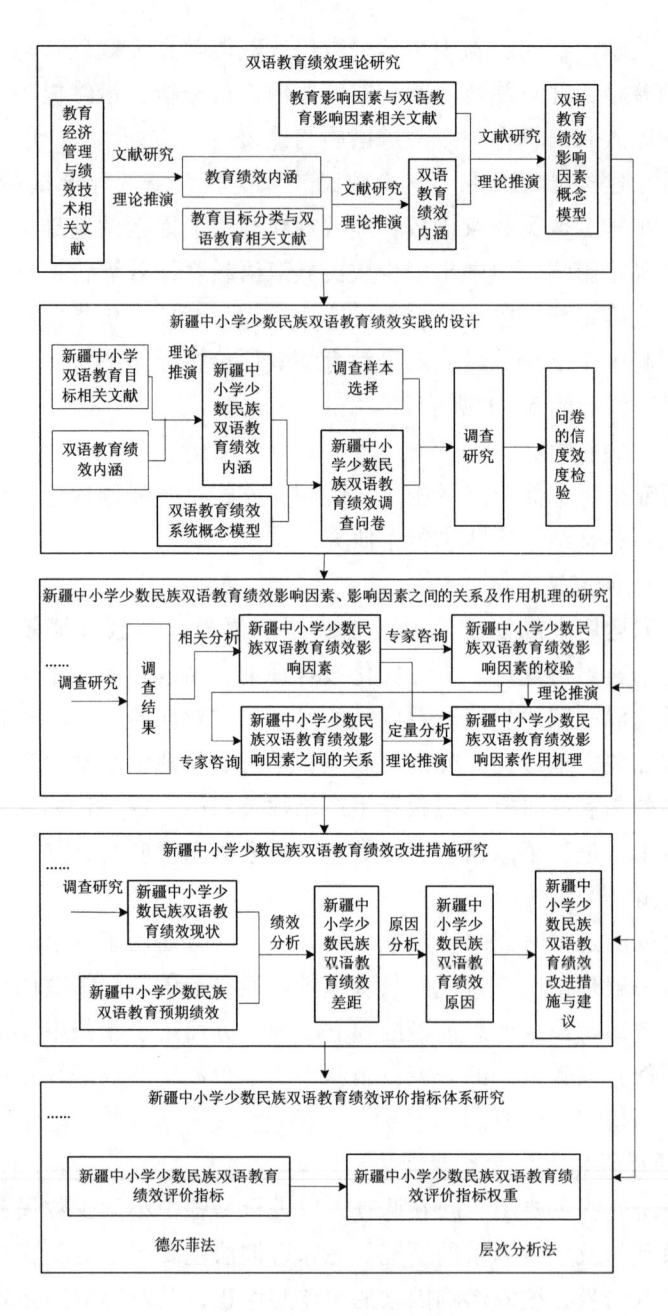

图 5-1 研究思路

第五章 新疆中小学少数民族双语教育绩效实践的设计

4. 质性分析与定量分析

质性分析是用质性分析软件 Nvivo 8.0 来分析新疆中小学少数民族双语教育绩效调查问卷的部分数据，以实现对双语学生价值观的测量。定量分析是用统计分析软件 Spss 20.0 的相关分析来明确新疆中小学少数民族双语教育绩效影响因素，并对相关分析结果进行统计分析以明确影响因素的内在作用方式。

5. 绩效技术

美国著名绩效技术专家托洛维奇（Stolovitch）和吉普斯（Keeps）在 1992 年就明确提出，绩效技术是一种实现人类期望成就的工程学方法，它在分析绩效差距的基础上，设计出了最有效的、最佳成本—效益的问题解决方案和策略。[①] 本研究使用了绩效技术中的绩效分析与原因分析，其中绩效分析用于明确新疆中小学少数民族双语教育中存在的绩效差距，原因分析用于明确绩效问题存在的原因。

6. 德尔菲法和层次分析法

在对中小学少数民族双语教育绩效理论进行研究的基础上，结合新疆少数民族双语教育特点，利用德尔菲法确定影响新疆中小学少数民族双语教育绩效评价指标，利用层次分析法确定新疆中小学少数民族双语教育绩效评价指标权重，最终构建新疆中小学少数民族双语教育绩效评价指标体系。

第四节 新疆中小学少数民族双语教育绩效调查研究的实现

一 研究对象与研究样本选择

（一）研究对象

双语学生是学校双语教育的对象，也是双语教育绩效的直接体现者。新疆少数民族双语教育的目标是"民汉兼通"，也就是说要通过

---

① 梁林梅：《教育技术学视野中的绩效技术研究》，华中师范大学出版社2009年版，第19页。

双语教育使学生成为"双语双文化"的合格学生,在这里不仅强调"双语双文化"的获得,也强调学科知识的获得。绩效是由行为付出而引发的有价值的成就,强调行为的结果,因此新疆少数民族双语教育绩效直接体现为新疆少数民族双语教育这一行为所引发的双语学生双语能力与学科知识的获得程度。

随着社会需求不断发展,新疆少数民族双语教育对象在不断向低龄化与成人化方向发展,出现了越来越多的双语幼儿园及各类双语培训班。即便如此,新疆少数民族双语教育的主体依然是少数民族中小学生,因此,新疆中小学少数民族双语教育绩效是本研究要研究的主要内容。双语学生与双语教师是双语教育的直接参与者,最了解双语学生双语能力与学科知识的获得程度,所以本研究以新疆中小学少数民族双语学生与双语教师为研究对象。

(二) 研究样本选择

新疆地域广袤,各地区有其特殊的人文社会环境,再加上新疆中小学少数民族双语教育影响因素的复杂性,因此研究样本的选择一定要非常慎重,综合考虑多方面的研究需要。

1. 学生样本选择

调查选择了南北疆 8 个县市的 17 所少数民族双语学校的双语学生作为研究对象。共发放问卷 2360 份,收回有效问卷 2107 份。在被调研的 8 个县市中,5 个县市位于北疆,3 个县市位于南疆。17 所调研学校中,有 5 所小学、6 所初中、6 所高中。调查时间为 2014 年 5 月至 6 月,研究对象基本信息如表 5-4 所示。

表 5-4   被调查双语学生基本情况   单位:人,%

分类	性别		民族			户口体制		地理位置		管理体制		就读阶段		
	男	女	维吾尔族	哈萨克族	其他	城市	农村	南疆	北疆	兵团	地方	小学	初中	高中
人数	821	1286	1378	656	73	563	1544	939	1168	318	1789	662	732	533
百分比	39.0	61.0	65.4	31.1	3.5	26.7	73.3	44.6	55.4	15.1	84.9	34.4	38.0	27.7

2. 双语教师样本选择

依据前期研究假设，本研究设计了新疆中小学少数民族双语教育绩效双语教师问卷，对新疆中小学从事双语教育的教师进行了调查研究，共发放问卷 400 份，收回有效问卷 328 份，调查对象基本情况如表 5-5 所示。

表 5-5　　　　　　被调查双语教师基本情况

类别	性别		民族				学历			年龄段			
	男	女	维吾尔族	哈萨克族	汉族	其他	高中或中专	大专	本科及以上	25岁及以下	26至35岁	36至45岁	45岁以上
人数	89	239	225	41	52	10	21	195	112	68	176	78	6
百分比	27.0	73.0	68.6	12.5	15.9	3.0	6.6	59.6	33.8	20.8	53.4	23.9	1.9

通过表 5-5 可以看出，新疆中小学从事双语教育的教师中女性教师明显多于男性教师，有相当比例的汉族教师在从事少数民族双语教育工作，大部分教师的学历还停留在大专层次，且以 35 岁以下的青年教师为主。

二　资料收集与分析

（一）问卷发放的形式

为了更好地完成调研，在调研实施之前，笔者与所调研学校相关负责人就调研目的意义、内容及实施过程进行了沟通，并在调研实施的过程中尽可能全程参与，在最大程度上保障了调研数据的可靠性。

对双语学生的调查一共进行了两次。在进行第一次双语学生问卷调查时，问卷的发放采用由班主任统一发放回收学生集中作答的方式，在问卷发放前对班主任进行了相关问题的解读，在问卷发放过程中进行了跟踪指导。在进行第二次双语学生问卷调查时，问卷以汉语语文课任课教师组织学生写一篇题目为《我为什么喜欢做中国人》的课堂作文的形式完成，在问卷发放前对语文教师进行了相关问题的解读及答疑。在研究中通过与语文教师的交流发现，某些地区双语学生的汉语水平不足以支持其完成该作文，因此在写作文时也允许学生用本民族语作答。

对双语教师的调查问卷由其所在学校的年级组组长统一组织发放与回收，教师问卷由教师单独填写，并在规定时间前交给年级组组长，最大程度上保障了问卷的回收率。

（二）统计工具

本研究使用 Spss 20.0 和 Nvivo 8.0 软件来处理数据。其中，Spss 20.0 用于对定量数据进行描述性统计分析、相关分析，而 Nvivo 8.0 用于对质性数据的归类处理。

（三）问卷的信度与效度

1. 问卷的信度

问卷的信度即问卷的可靠性，是指用同一方法对同一对象进行测量时，问卷调查结果的一致性。通常认为一份好的问卷，其内部一致性系数最好在 0.8 以上，内部一致性系数在 0.7—0.8 之间时表示问卷处于可接受范围之内。对于由分量表构成的问卷，其内部一致性系数有不同的要求，分量表内部一致性系数最好在 0.7 以上，内部一致性系数在 0.6—0.7 之间时表示分量表处于可接受范围之内。[①]

本研究对双语学生问卷中绩效维度的一阶因子采用克隆巴赫（Cronbach's Alpha）系数和分半系数（Spearman-Brown）作为问卷的信度指标，具体结果如表 5-6 所示。

表 5-6 　　　双语学生问卷中双语教育绩效信度统计

绩效维度	克隆巴赫 α 系数	分半系数	题目数
双语能力	0.738	0.736	2
课程学习情况	0.812	0.803	2
学业成就获得	0.796	0.796	2

[①] 许志红：《大学生人际关系问题研究——基于压力与应对的视角》，中国社会科学出版社 2012 年版，第 111 页。

续表

绩效维度	克隆巴赫α系数	分半系数	题目数
社会文化融合	0.756	0.738	2
情感态度	0.622	0.622	4
价值观	0.697	0.701	3
总体	0.829	0.832	15

通过表5-6可以看出,学生问卷中绩效六个维度的克隆巴赫α系数介于0.622—0.812之间,分半系数介于0.622—0.803之间,且总体的克隆巴赫α系数为0.829、分半系数为0.832,表明学生问卷中双语教育绩效各维度及整体均具有较好的内部一致性。

对双语学生问卷中绩效影响因素的一阶因子采用克隆巴赫系数和分半系数作为问卷的信度指标,具体结果如表5-7所示。

表5-7　　双语学生问卷中绩效影响因素信度统计

影响因素	克隆巴赫α系数	分半系数	题目数
学生基本情况	0.698	0.716	5
学生愿意接受双语教育情况	0.723	0.704	3
学生已经接受双语教育情况	0.731	0.752	3
家庭情况	0.784	0.794	4
地理环境	0.809	0.822	2
人文社会环境	0.769	0.783	2
语言环境	0.758	0.741	4
总体	0.838	0.805	23

通过表5-7可以看出,双语学生调查问卷中绩效影响因素的克隆巴赫α系数介于0.698—0.809之间,分半系数介于0.704—0.822之间,且总体的克隆巴赫α系数为0.838、分半系数为0.805,表明双语学生调查问卷中双语教育绩效影响因素及整体均具有较好的内部一致性。

对双语教师调查问卷中教师影响因素各属性采用克隆巴赫系数和分半系数作为问卷的信度指标，具体结果如表5-8所示。

表5-8　双语教师问卷中教师影响因素各属性信度统计

属性	克隆巴赫α系数	分半系数	题目数
个人基本情况	0.673	0.658	7
双语能力	0.728	0.729	2
教学能力	0.812	0.834	2
对双语教育的性向	0.792	0.785	3
对双语教育的看法	0.749	0.776	3
对双语教育的态度	0.745	0.752	2
接受培训情况	0.684	0.684	3
总体	0.823	0.829	22

通过表5-8可以看出，双语教师调查问卷中教师影响因素各属性的克隆巴赫α系数介于0.673—0.812之间，分半系数介于0.658—0.834之间，且总体的克隆巴赫α系数为0.823、分半系数为0.829，表明双语教师调查问卷中教师影响因素各属性及整体均具有较好的内部一致性。

2. 问卷的效度

效度是用来反映问卷是否真的测量了其想要测量内容的重要指标。通常对效度的测量是比较困难的，但有很多方法能够用来实现对问卷效度的评估，其中最常用的方法是内容效度。内容效度也称为专家效度，通常是由专家来判断问卷中问题的测量内容与测量主题的相关程度。内容效度的确定方法是通过逻辑分析法，本问卷中绩效维度和影响因素的题目设定均来源于对文献的理论推演，在问卷初步编制完成后，又对部分专家及教师进行了个别访谈。在专家和教师反馈意见的基础上，本研究又对问卷中题目的表述方面进行了多次修订，保证了问卷具有比较理想的内容效度。

第五节　小结

本章主要完成了建构新疆中小学少数民族双语教育绩效影响因素的研究设计与实现两个内容，一是新疆中小学少数民族双语教育绩效影响因素建构的设计，二是新疆中小学少数民族双语教育绩效影响因素建构设计的实现。

为了实现上述研究内容，本研究首先理论推演出了新疆中小学少数民族双语教育绩效内容。在对"民汉兼通"这一新疆中小学少数民族双语教育目标进行深入解读的基础上，研究界定了新疆中小学少数民族双语教育绩效内涵，认为新疆中小学少数民族双语教育绩效是在一定教育投入下，新疆中小学少数民族双语学校所实施的双语教育对双语学生语言能力、课程学习情况、学业成就获得情况、两种文化融合情况、对学业的态度、对双语教育的态度及价值观获得情况的贡献程度。

然后在新疆中小学少数民族双语教育绩效内涵的基础上，本研究参照双语教育绩效概念模型，设计了新疆中小学少数民族双语教育绩效影响因素双语学生调查问卷与双语教师调查问卷。其中双语学生调查问卷由能够体现新疆中小学少数民族双语教育绩效不同方面的问题和绩效影响因素不同属性方面的问题构成；双语教师调查问卷由能够体现绩效水平的问题和双语教师影响因素不同属性方面的问题构成。

最后在对 2107 名双语学生及 328 名双语教师进行问卷调查后，本研究对调查问卷的信度和效度进行了分析，结果表明问卷信度和效度在可接受范围，说明自编新疆中小学少数民族双语教育绩效双语学生与双语教师调查问卷可用。

第六章

新疆中小学少数民族双语教育绩效现状

刘美凤教授认为,绩效分析就是通过建构绩效系统,收集工作场所中与工作绩效有关的数据和信息,明确个人与组织中存在的绩效差距,并找到导致绩效差距的根本原因,为选择、设计绩效干预方案提供坚实的数据与事实基础。[①] 由此可以看出,绩效分析包括明确绩效差距与原因分析两个环节,其目的是为了提出绩效改进措施。

绩效的特点之一是可测量性。教育绩效由效益及效率构成,因此可以从新疆中小学少数民族双语教育的效益及效率方面来实现对新疆中小学少数民族双语教育绩效的测量。

第一节 新疆中小学少数民族双语教育的效益

新疆中小学少数民族双语教育绩效的效益主要考察教育产出(双语学生在双语能力、课程学习情况、学业成就获得情况、两种文化融合情况、对学业和双语教育的态度、价值观)是否实现了"民汉兼通"这一预期目标。

[①] 刘美凤、方圆媛编著:《绩效改进》,北京大学出版社2011年版,第36页。

一 在双语能力获得方面，新疆中小学少数民族双语教育发挥了一定的作用，但在汉语水平提升方面效果并不理想

被调查双语学生的双语能力统计结果如表6-1所示。从中可以看出，被调研对象的本民族语水平还是比较理想的，只有10.1%的双语学生认为自身的本民族语水平比接受本民族语教育的同龄人差。相对于本民族语水平，被调研对象的汉语水平并不那么理想，有45.9%的双语学生汉语水平处于能上用汉语讲授课的水平，49.5%的双语学生其汉语水平处于日常交流水平，另有4.6%的双语学生处于日常交流有问题水平。对被调查双语学生的本民族语水平与汉语水平做相关分析，结果表明本民族语水平与汉语水平显著性相关。深入分析可以看出，被调查双语学生中汉语水平处于能上用汉语讲授课水平和日常交流水平的，其本民族语水平大多处于与接受本民族语教育同龄人相当的水平。

表6-1　　　　　　　　被调查双语学生的双语能力

类别	本民族语水平				汉语水平		
	好	相当	差	没有比过	能上用汉语讲授的课	能进行日常交流	上汉语课及日常交流都有问题
百分比（%）	14.8	66.1	10.1	9.0	45.9	49.5	4.6

因此，在新疆中小学少数民族双语教育实施过程中，双语教育并没有影响到少数民族双语学生的本民族语水平。由此可见，在双语能力获得方面，新疆中小学少数民族双语教育发挥了一定的作用，但在汉语水平提升方面效果并不理想。

二 在改善理科类课程学习方面，新疆中小学少数民族双语教育并没有起到明显的作用

被调查双语学生课程学习情况的调查结果如表6-2所示。从中可以看出，文科类课程的学习情况远好于理科类课程的学习情况。

表6-2　　　　　　　被调查双语学生课程学习情况

类别	最喜欢课程类别			学得最好课程类别		
	理	文	音体美	理	文	音体美
百分比（%）	35.4	57.6	7.0	30.6	66.1	3.3

对最喜欢课程类别与学得最好课程类别进行相关分析，其卡方值为374.184，P值为.000，可见双语学生喜欢的课程与学得好的课程显著性相关。交叉列联表的结果表明，最喜欢理科的学生中，仅有52.9%的学生理科类课程是其学得最好的课程，而最喜欢文科的学生中，有高达81.4%的学生文科类课程是其学得最好的课程。从中可以看出，相对于文科类课程，双语学生的理科类课程的学习效果并不理想。

2014年6月对双语学生最喜欢课程类型进行了第二次调查，调查结果显示，55.2%的被调查者最喜欢文科类课程，27.5%的被调查者最喜欢理科类课程，13.7%的被调查者最喜欢音体美类课程，3.6%的被调查者表示所有课程都喜欢。与2012年12月的第一次调查相比可以看出，被调查者对文科类课程的态度变化不大，但喜欢理科类课程的人数在减少，而喜欢音体美类课程的人数在增加。两次调查结果的对比说明，在3个学期的时间间隔里，双语学生理科类课程的学习情况并没有得到明显提高。由此可见，在改善理科类课程学习方面，新疆中小学少数民族双语教育并没有起到明显的作用。

三　在学业成就获得方面，新疆中小学少数民族双语教育在促进学生进步方面已经发挥了一定作用，但学业成绩现状仍不理想

被调查双语学生学业成就获得情况如表6-3所示。从中可以看出，37.9%的被调查双语学生认为自身学习成绩处于好这一层次，81.5%的被调查双语学生认为过去一年里自己的学业成绩有进步。由此可见，虽然大部分双语学生的学习成绩还不理想，但还是有进步的。

表6-3 被调查双语学生学业成就获得情况

类别	学业成绩状态					过去一年学业进步情况				
	非常好	很好	一般	不太好	很差	很多	一点	没有	稍有退步	退步很多
百分比（%）	5.0	32.9	53.9	7.7	0.5	15.7	65.8	10.5	6.3	1.7

从绩效"适度进步"这一原则出发来看，虽然被调查双语学生学业成就获得情况没有达到预期的双语教育目标，但总体来看，在学业成就获得情况方面，新疆中小学少数民族双语教育在促进学生进步方面已经发挥了一定作用，但学业成绩现状仍不理想。

四 在两种文化融合方面，新疆中小学少数民族双语教育在日常层面文化融合方面发挥了一定的作用，但在学术层面文化融合方面的作用并不理想

被调查双语学生两种文化融合情况如表6-4所示。从中可以看出，53.2%的被调查双语学生在平时日常生活中两种语言类型的电视节目都喜欢看，表明在日常生活层面两种文化的融合程度还是比较理想的。21.9%的被调查双语学生对老师使用何种语言授课无所谓，表明在学术层面两种文化的融合程度还不理想。

表6-4 被调查双语学生两种文化融合情况

类别	喜欢看的电视节目语言类型				喜欢的授课语言		
	汉语节目	本民族语节目	都喜欢	都不喜欢	汉语	本民族语	无所谓
百分比（%）	16.6	28.7	53.2	1.5	41.8	36.3	21.9

总体看来，被调查双语学生日常生活层次的文化融合情况要好于学术层次的文化融合情况，表明两种文化的融合还停留在比较低的层次。调查中喜欢老师用汉语授课的双语学生比例为41.8%，高于喜欢用本民族语授课的比例，在一定程度上表明汉语作为教学语言已经被部分双语学生接受。由此可见，在两种文化融合情况方面，新疆中

小学少数民族双语教育在日常层面文化融合方面发挥了一定的作用,但在学术层面文化融合方面的作用并不理想。

五 在积极学业态度培养方面,新疆中小学少数民族双语教育发挥的作用非常显著

被调查双语学生对学业态度的具体统计结果如表6-5所示。从中可以看出,在对学业态度方面,被调查对象中非常喜欢上学的比例高达44.2%,喜欢的人数比例也有41.1%。表明绝大多数双语学生对学业的态度非常积极,并没有因为接受双语教育而受到影响。

表6-5 被调查双语学生对学业的态度

类型	是否喜欢上学				
	非常喜欢	喜欢	一般	不喜欢	非常不喜欢
百分比(%)	44.2	41.1	12.2	1.8	0.7

由此可见,在双语学生学业态度的培养方面,新疆中小学少数民族双语教育发挥的作用非常显著。

六 在培养积极双语教育态度方面,新疆中小学少数民族双语教育发挥的作用比较显著

对双语教育的态度包括对双语教育优点的评价、缺点的评价及接受双语教育后的收获三个方面。被调查双语学生对双语教育态度的调查结果分别如表6-6和表6-7所示。

表6-6 被调查双语学生对双语教育的评价

类别	双语教育的优点					双语教育的缺点			
	提高教学质量	个人发展	文化传承	多元文化社会	无	加重学业负担	民族文字退化	民族文化传承问题	无
百分比(%)	43.4	63.2	42.4	35.1	6.1	44.8	50.5	38.4	23.4

通过表6-6可以看出，在对双语教育优点评价方面，63.2%的被调查双语学生认为双语教育有利于个人的发展，43.4%的被调查双语学生认为双语教育有利于提高教学质量。在对双语教育缺点评价方面，50.5%的被调查者担心双语教育可能会引起本民族语言文字的退化，有44.8%的被调查者认为双语教育会加重学业负担。总体上来看，超过半数的学生肯定了双语教育在促进个人发展发挥的作用，但对双语教育可能会引起本民族语言文字的退化表示担心。

表6-7　　　　　被调查双语学生接受双语教育后的收获

类别	接受双语教育的收获				
	提高成绩	人际交流	语言特长	拓宽视野	融入社会
百分比（%）	58.8	37.2	57.8	43.2	41.3

通过表6-7可以看出，在接受双语教育后的收获方面，58.8%的被调查双语学生认为双语教育有利于提高学业成绩，57.8%的被调查者认为双语教育使其多了一门语言特长。由此可见，超过半数的学生认同双语教育在提高成绩与语言能力方面发挥的作用。

通过上述关于双语学生对双语教育评价及在双语教育中的收获这两方面数据的统计分析可以看出，在树立积极的双语教育态度方面，新疆中小学少数民族双语教育发挥的作用比较显著。

七　在正确价值观培养方面，新疆中小学少数民族双语教育发挥的作用比较显著

双语学生的价值观由个人层面的愿望、理想及国家层面对国家的情感态度三个方面构成。被调查双语学生价值观统计结果分别如表6-8和表6-9所示。

表6-8　　　　　被调查双语学生愿望及理想的统计

类别	今年最大的愿望						长大后的理想			
	升学	学业进步	努力学习	家人健康	学好汉语	其他	对社会有用	工作	孝敬父母	工作与孝敬父母	其他
百分比（%）	36.5	31.7	18.3	3.7	3.6	6.2	5.1	82.1	2.1	5.3	5.4

通过表6-8可以看出，绝大部分被调查对象的愿望与学业成就获得情况有关，只有很少的同学今年的愿望是读一本好书、有一个很棒的遥控模型等；绝大部分双语学生长大后的理想是有一份工作，有的学生的理想是当科学家，有的学生的理想是当裱画匠。可以看出，被调查对象的愿望与理想比较集中且都比较正面积极。

在一篇名为《我为什么喜欢做中国人》的作文中，考察了被调查双语学生对国家的情感态度。利用质性分析软件Nvivo 8.0对612名学生的作文进行了编码分析，其中有6位同学表达了不喜欢做中国人的负面情绪，其余606个被调查对象从不同方面表达了喜欢做中国人的原因。具体原因统计结果如表6-9所示。

表6-9　　　　　被调查双语学生喜欢做中国人原因的统计

分类	原因									
	民族团结	出生	文明历史	勇敢勤劳善良的品质	山河壮美	政策好	生活好	国际地位提升	爱好和平	新疆好
百分比（%）	32.0	31.4	19.1	18.8	18.5	17.9	13.3	10.9	5.6	2.3

通过表6-9可以看出，被调查双语学生喜欢做中国人的两个最主要原因是民族团结及出生在中国。总体来看，喜欢做中国人的原因中人文环境因素远远要高于地理环境因素。

通过上述对双语学生今年最大愿望、长大后的理想及为什么喜欢做中国人原因的统计分析可以看出，绝大部分被调查双语学生的价值观都比较正面积极，符合我国基础教育的培养目标。由此可见，在双语学生正确价值观培养方面，新疆中小学少数民族双语教育发挥了比较显著的作用。

从上述几个方面的分析可以看出，新疆中小学少数民族双语教育在提升双语能力、促进两种文化的融合及树立积极正确的学业态度、双语教育态度及价值观方面是有效的，并且已经产生了一定的效益，而在促进理科类课程学习情况提升及学生学业成就获得方面所发挥的作用并不明显。

第二节　新疆中小学少数民族双语教育的效率

教育效率体现的是教育投入产出比，教育中最大的投入是时间，因此本研究认为在一定时间内的教育产出就是教育效率。本研究用学生获得目前的双语能力、课程学习情况、学业成就、两种文化融合情况、对学业及双语教育的态度及价值观所用的时间来衡量新疆中小学少数民族双语教育的效率。为便于统计，在被调查双语学生接受双语教育年数这一变量的基础上，本研究中对其按照阶段进行了划分，依次划分为3年及以下、4年至6年、7年至9年、10年及以上这四个阶段。因此，本研究用在接受了不同年数段的双语教育后，双语学生的双语能力、学业情况及情感态度获得情况来表示新疆中小学少数民族双语教育的效率。

一　在双语能力培养方面，接受7年至9年的新疆中小学少数民族双语教育效率最高

本研究分别统计了接受四个不同年数段双语教育后被调查双语学生的双语能力。具体统计结果如表6-10所示。

表6-10　接受不同年数段双语教育后被调查双语学生双语能力　　单位:%

接受双语教育年数	本民族语水平				汉语水平		
	好	相当	差	没有比过	能上用汉语讲授的课	能日常交流	日常交流有问题
[0, 3]	14.8	57.6	14.4	13.1	48.6	46.9	4.5
[4, 6]	10.9	58.2	12.2	18.7	40.3	49.1	10.6
[7, 9]	15.0	80.7	2.8	1.5	41.9	56.8	1.3
10年及以上	24.9	49.7	21.9	3.6	67.6	30.6	1.8
平均	15.0	66.8	9.7	8.5	45.7	49.8	4.5

通过表6-10可以看出，接受双语教育在7年至9年的被调查双语学生中，其本民族语水平处于与接受本民族语教育同龄人相当及好水平的人数比例为95.7%，是所有年数段中最高的，其汉语水平处于日常交流及以上水平的人数比例为98.7%，也是所有年数段中最高的。由此可见，接受7年至9年的新疆中小学少数民族双语教育在提升学生双语能力方面效果最好。也就是说，在双语能力培养方面，接受7年至9年的新疆中小学少数民族双语教育效率最高。

二　在课程学习情况改善方面，接受4年至6年的新疆中小学少数民族双语教育效率最高

本研究分别统计了接受四个不同年数段双语教育后被调查双语学生课程学习情况。具体统计结果如表6-11所示。

表6-11　接受不同年数段双语教育后被调查双语学生课程学习情况　　单位:%

接受双语教育年数	学得最好课程类别			最喜欢课程类别		
	文科	理科	音体美	文科	理科	音体美
[0, 3]	69.5	28.4	2.1	64.8	30.3	4.9
[4, 6]	56.4	39.8	3.8	50.0	42.5	7.5
[7, 9]	72.9	24.0	3.1	63.0	32.8	4.2
10年及以上	62.1	32.0	5.9	46.1	38.3	15.6
平均	66.3	30.2	3.4	57.6	35.8	6.6

通过表 6-11 可以看出，接受 4 年至 6 年双语教育的被调查双语学生喜欢理科类课程的比例为 42.5%，在所有年数段中都最高；接受 4 年至 6 年双语教育的被调查双语学生理科类课程学得好的比例为 39.8%，也是所有年数段中最高的。由此可见，在促进理科类课程学习方面，接受新疆中小学少数民族双语教育年数在 4 年至 6 年效果最好。也就是说，在课程学习情况改善方面，接受 4 年至 6 年的新疆中小学少数民族双语教育效率最高。

三　在学生成就获得方面，接受 7 年至 9 年的新疆中小学少数民族双语教育效率最高

本研究分别统计了接受不同年数段双语教育后被调查双语学生的学习成绩情况及过去一年学习成绩提高情况。具体统计结果如表 6-12 所示。

表 6-12　接受不同年数段双语教育后被调查学生学业成就获得情况　单位:%

接受双语教育年数	学习成绩情况					过去一年学习成绩提高情况				
	非常好	很好	一般	不太好	很差	提高很多	提高一点	没有提高	有点退步	退步很多
[0, 3]	4.9	24.0	60.3	9.8	1.0	9.8	68.6	14.7	5.4	1.5
[4, 6]	4.9	32.1	56.8	6.2	0.0	20.5	61.1	11.1	6.0	1.3
[7, 9]	5.9	35.3	50.0	8.8	0.0	19.4	67.2	3.0	9.0	1.5
10 年及以上	0	36.0	52.0	8.0	4.0	12.0	64.0	8.0	8.0	8.0
平均	4.8	29.6	57.0	8.0	0.6	15.8	64.9	11.3	6.2	1.7

通过表 6-12 可以看出，接受双语教育在 7 年至 9 年的被调查双语学生，其学习成绩处于非常好层次和很好层次的人数比例之和为 41.2%，在所有年数段中最高；其学习成绩提高很多和提高一点的人数比例之和为 86.6%，在所有年数段中最高。由此可见，接受新疆中小学少数民族双语教育年数在 7 年至 9 年最有利于学生学业成就的获得。也就是说，在学生成就获得方面，接受 7 年至 9 年的新疆中小学少数民族双语教育效率最高。

四 在两种文化融合方面,接受7年至9年的新疆中小学少数民族双语教育效率最高

本研究分别统计了接受不同年数段双语教育后被调查双语学生喜欢电视节目语言类型和喜欢老师上课语言类型。具体统计结果如表6-13所示。

表6-13 接受不同年数段双语教育后被调查双语学生文化融合情况

单位:%

接受双语教育年数	喜欢电视节目语言类型				喜欢老师上课语言类型		
	汉语节目	本民族语节目	都喜欢	都不喜欢	汉语	本民族语	无所谓
[0, 3]	19.5	41.5	38.5	0.5	43.0	43.5	13.5
[4, 6]	17.6	19.2	61.5	1.7	41.7	31.0	27.3
[7, 9]	13.2	20.6	64.7	1.5	43.9	24.2	31.8
[10, 以上]	12.0	24.0	64.0	0.0	40.0	32.0	28.0
平均	17.5	28.1	53.3	1.1	42.4	34.9	22.7

通过表6-13可以看出,接受双语教育年数在7年至9年的被调查双语学生中,两种语言类型电视节目都喜欢的人数比例为64.7%,是所有年数段中最高的,对老师上课用何种语言无所谓的人数比例为31.8%,也是所有年数段中都最高的。由此可见,接受7年至9年的新疆中小学少数双语教育最有利于双语学生在生活和学术层面两种文化的融合。也就是说,在两种文化融合方面,接受7年至9年的新疆中小学少数民族双语教育效率最高。

五 在学业态度培养方面,接受3年及以下的新疆中小学少数民族双语教育效率最高

本研究统计了接受不同年数段双语教育后被调查双语学生的学业态度情况。具体统计结果如表6-14所示。

表6-14 接受不同年数段双语教育后被调查双语学生对学业的态度　单位:%

接受双语教育年数	对上学的态度				
	非常喜欢	喜欢	一般	不喜欢	非常不喜欢
[0,3]	41.3	49.5	8.7	0.5	0
[4,6]	47.9	36.0	14.4	1.7	0
[7,9]	32.4	38.2	22.1	2.9	4.4
10年及以上	32.0	52.0	8.0	8.0	0
平均	42.6	42.3	12.8	1.7	0.6

通过表6-14可以看出，接受双语教育在3年及以下的被调查双语学生中非常喜欢与喜欢上学的人数比例之和为90.8%，是所有年数段中最高的，而不喜欢上学的人数比例为0.5%，是所有年数段中最低的。由此可见，接受新疆中小学少数民族双语教育在3年及以下的学生对上学的态度最为积极。也就是说，在学业态度培养方面，接受3年及以下的新疆中小学少数民族双语教育效率最高。

六　在双语教育态度积极性培养方面，接受3年及以下的新疆中小学少数民族双语教育效率最高，在双语教育态度坚定性培养方面，接受7年至9年的双语教育效率最高

本研究认为对双语教育优点评价数量越多，缺点评价数量越少，则对双语教育的评价越积极。因此本研究分别统计了接受不同年数段双语教育后被调查双语学生对双语教育优点评价数量、缺点评价数量及接受双语教育后的收获，来综合反映其对双语教育的态度。具体统计结果如表6-15和表6-16所示。

表6-15　接受不同年数段双语教育后被调查双语学生对双语教育的评价情况　单位:%

接受双语教育年数	双语教育优点数量					双语教育缺点数量			
	0	1	2	3	4	0	1	2	3
[0,3]	3.3	32.1	21.5	23.2	19.9	22.8	32.1	40.2	4.9

续表

接受双语教育年数	双语教育优点数量					双语教育缺点数量			
	0	1	2	3	4	0	1	2	3
[4,6]	7.4	47.4	21.7	10.6	12.8	25.9	34.1	25.4	14.6
[7,9]	7.4	44.3	22.7	17.5	8.2	15.4	44.8	29.7	10.1
10年及以上	8.1	45.1	17.9	15.6	13.3	10.4	42.2	31.8	15.6
平均	6.8	43.2	21.7	16.3	12.1	19.0	39.3	30.6	11.1

从表6-15可以看出，接受双语教育在3年及以下的被调查双语学生对双语教育正面评价数量在2条以上的人数比例为43.1%，是所有年数段中最高的。接受双语教育在7年至9年的双语学生对双语教育负面评价数量在2条以下的人数比例为60.2%，是所有年数段中最高的。而接受双语教育在3年及以下的双语学生对双语教育正面评价数量在2条以上的人数比例与负面评价数量在2条以下的人数比例总和为98.0%，是所有年数段中最高的。由此可见，接受新疆中小学少数民族双语教育年数在3年及以下的双语学生对双语教育的评价最积极。

分别统计接受四个不同年数段双语教育后被调查双语学生的收获数量。具体统计结果如表6-16所示。可以看出，接受双语教育在7年至9年的被调查双语学生收获在2条以上的人数比例之和为51.2%，是所有年数段中最高的。由此可见，接受新疆中小学少数民族双语教育在7年至9年的学生在双语教育中的收获最多。

表6-16　　接受不同年数段双语教育后被调查双语学生
　　　　　在双语教育中取得的收获　　　　　　单位:%

接受双语教育年数	接受双语教育后的收获					
	0	1	2	3	4	5
[0,3]	1.2	24.0	35.0	26.8	6.5	6.5
[4,6]	4.0	31.9	26.2	17.8	6.7	13.6
[7,9]	8.5	18.0	22.4	34.2	7.2	9.8
10年及以上	4.6	25.4	22.5	16.2	8.7	22.5
平均	5.5	23.8	25.6	26.1	7.1	11.8

综合考虑接受不同年数段新疆中小学少数民族双语教育后，双语学生对双语教育评价状况及在双语教育中的收获情况，本研究认为，在双语教育态度积极性培养方面，接受 3 年及以下的新疆中小学少数民族双语教育效率最高，在双语教育态度坚定性培养方面，接受 7 年至 9 年的新疆中小学少数民族双语教育效率最高。

七 在个人层面价值观的培养方面，接受 7 年至 9 年的新疆中小学少数民族双语教育效率最高，在国家层面价值观的培养方面，接受 10 年及以上的双语教育效率最高

本研究分别统计了接受不同年数段双语教育后，被调查双语学生今年最大的愿望、长大后的理想和喜欢做中国人的原因数，来综合反映双语学生价值观的获得情况。具体统计结果分别如表 6-17 和表 6-18 所示。

表 6-17 接受不同年数段双语教育后被调查双语学生愿望理想情况 单位:%

接受双语教育年数	今年最大愿望						长大后的理想				
	升学	学习进步	努力学习	家人健康幸福	学好汉语	其他	对社会有用	工作	父母	职业和父母	其他
[0, 3]	41.1	29.7	20.3	2.5	2.5	4.0	3.9	79.9	3.9	7.4	4.9
[4, 6]	37.2	31.6	18.8	1.7	2.6	8.1	6.6	80.2	2.1	4.5	6.6
[7, 9]	30.9	30.9	10.3	17.6	2.9	7.4	7.6	89.4	0	3.0	0
10 年及以上	70.8	29.2	0	0	0	0	4.2	70.8	0	12.5	12.5
平均	39.4	30.7	17.4	4.0	2.5	6.1	5.6	80.8	2.4	5.8	5.4

通过表 6-17 可以看出，接受双语教育 7 年至 9 年后的被调查双语学生中，其愿望不再仅限于学习方面的人数比例为 35.3%，是所有年数段中最高的，其长大后的理想为工作方面的人数比例为 92.4%，也是所有年数段中最高的。由此可见，接受新疆中小学少数民族双语教育在 7 年至 9 年的被调查双语学生愿望最为多样、理想最为明确。

表6-18　　接受不同年数段双语教育后被调查双语学生
喜欢做中国人的原因数　　　　　　　　单位:%

接受双语教育年数	喜欢做中国人原因数								
	-1	0	1	2	3	4	5	6	7
[0, 3]	0	3.4	25.0	27.4	19.7	18.3	3.8	2.4	0
[4, 6]	2.0	0.8	25.0	31.6	23.0	11.1	4.1	2.0	0.4
[7, 9]	1.5	2.9	33.8	29.4	23.5	7.4	1.5	0	0
10年及以上	0	4.0	8.0	16.0	36.0	20.0	8.0	8.0	0
平均	1.1	2.2	25.3	29.0	22.4	13.8	3.9	2.2	0.2

表6-18中所列出的喜欢做中国人的原因数为"-1"的,表示所列出原因为负面的。从中可以看出,接受双语教育年数在10年及以上的被调查双语学生中,喜欢做中国人的原因数在3条及以上的人数比例为36.0%,是所有年数段中最高的。由此可见,接受10年及以上的新疆中小学双语教育,最有利于培养双语学生对国家的情感态度。

通过对经过一定年数段双语教育后新疆中小学少数民族双语学生个人层面及国家层面价值观的培养可以看出,在个人层面价值观的培养方面,接受7年至9年的双语教育效率最高,在国家层面价值观的培养方面,接受10年及以上的双语教育效率最高。

综合上述对不同时间投入下新疆中小学少数民族双语教育绩效不同方面获得情况的分析可以看出,新疆中小学少数民族双语教育绩效不同方面的获得,所需要的时间投入并不相同。在积极学业态度和双语教育的态度培养方面,接受3年及以下的双语教育效率最高;在改善理科类课程学习情况方面,接受4年至6年的双语教育效率最高;在双语能力培养、学业成就获得、两种文化融合、对坚定双语教育态度培养及个人层面价值观培养方面,接受7年至9年的双语教育效率最高;在国家层面价值观培养方面,接受10年及以上的双语教育效率最高。综合来看,在目前条件下,新疆中小学少数民族双语教育实施7年至9年效率最高。

第三节 小结

本章在对新疆中小学少数民族双语教育绩效影响因素调查研究结果的基础上，从新疆中小学少数民族双语教育绩效效益与效率的角度，各从七个方面实现了对新疆中小学少数民族双语绩效的测量。绩效测量结果表明，在"民汉兼通"这一预期教育目标的参照下，新疆中小学少数民族双语教育是有效的，并已经产生了一定的社会效益；对新疆中小学少数民族双语教育投入产出的统计表明，双语教育在实施7年至9年后效率最高。

一 新疆中小学少数民族双语教育是有效的

通过调查研究发现，新疆中小学少数民族双语教育在提升双语能力、促进两种文化的融合及树立积极正确的学业态度、双语教育态度及价值观方面是有效的，并且已经产生了一定的效益，而在促进理科类课程学习情况提升及学生学业成就获得方面所发挥的作用并不明显。由此可见，实施多年的新疆中小学少数民族双语教育是有效的，回答了很多人关于新疆中小学少数民族双语教育有效性的质疑。

研究也表明，新疆中小学少数民族双语学生的民族语水平还是比较理想的，表明双语教育的实施并不是以牺牲民族语为代价的，并且双语学生的汉语水平与其民族语水平密切相关。此外，新疆中小学少数民族双语教育在促进学生理科类学习情况提升及学生学业成就获得方面发挥的作用还比较有限，以后应该重点关注理科类课程双语教师的教学能力、模式及方法，并且有必要加大这方面培训及研究的力度。

二 新疆中小学少数民族双语教育实施7年至9年效率最高

通过调查研究发现，新疆中小学少数民族双语教育绩效不同方面的获得，所需要的时间投入并不相同。在积极学业态度和双语教育的态度培养方面，接受3年及以下的双语教育效率最高；在改善理科类课程学习情况方面，接受 4 年至 6 年的双语教育效率最高；在双语能力培养、学业成就获得、两种文化融合、对坚定双语教育态度培养及个人层面价值观培养方面，接受 7 年至 9 年的双语教育效率最高；在国家层面价值观培养方面，接受 10 年及以上的双语教育效率最高。综合来看，在目前条件下，新疆中小学少数民族双语教育实施 7 年至 9 年效率最高。

由此可见，新疆中小学少数民族双语教育是一项长期的复杂的工程，很难在短期内就看到令人满意的成效，双语学生通常需要接受 7 年至 9 年的双语教育才能取得比较理想的效果，因此，双语教育的实施需要坚持不懈地努力和付出。此外，双语学生各项能力获得所需的时间并不相同，因此在制定学生发展阶段目标及具体教学目标时，各个阶段要有针对性与侧重点。

第七章

新疆中小学少数民族双语
教育绩效系统的研究

马克斯·范梅南（Max VanManen）认为，理论只有在实践完结后才有了自身的发展空间。① 双语教育绩效系统概念模型这一理论必须经过实践的检验，对新疆中小学少数民族双语教育绩效影响因素的研究，无疑提供了检验与修正双语教育绩效系统概念模型的最好机会。要建构新疆中小学少数民族双语教育绩效系统，就必须首先明确新疆中小学少数民族双语教育绩效影响因素。

第一节 新疆中小学少数民族双语教育绩效影响因素及其之间的关系

巴赫金（Bakhtin）认为，客体之间的关系不仅包括物体之间、物理现象之间及化学现象之间的关系，还包括因果、数学、逻辑及语言学关系等。② 主次关系属于逻辑关系的一种，由此可见，新疆中小学少数民族双语教育绩效影响因素之间主次关系的研究属于客体之间关系的一种。在本研究中，各影响因素及其属性的主次关系是所有关

---

① ［加］马克斯·范梅南：《生活体验研究——人文科学事业中的教育学》，宋广文等译，教育科学出版社2003年版，第19页。
② 王永祥：《语言·符号·对话求索真理之旅》，苏州大学出版社2013年版，第300页。

系中最重要的关系之一。

一 新疆中小学少数民族双语教育绩效主要影响因素的确定

在前述专家访谈的基础上，本研究设计了《新疆中小学少数民族双语教育绩效影响因素专家咨询问卷》，希望通过对所确定的新疆中小学少数民族双语教育绩效影响因素的重要性程度进行判别，来找出新疆中小学少数民族双语教育绩效主要影响因素。

《新疆中小学少数民族双语教育绩效影响因素专家咨询问卷》具体内容见附录5。问卷由7个大的问题组成，分别为对新疆中小学少数民族双语教育绩效5个影响因素（双语学生、教师、家庭、同伴及环境）重要性程度的判别、5个影响因素不同属性重要性程度的判别及对新疆中小学少数民族双语教育绩效影响因素及其属性的补充及重要性判别。为了便于统计，各影响因素及其属性的重要性程度采用5级李克特量表表示，分别为非常不重要、比较不重要、一般重要、比较重要及非常重要，对应的重要性得分分别为1、2、3、4、5。

完成专家咨询问卷设计后，本研究遴选了新疆少数民族双语教育学科领域中的6位专家学者及6位专家型教师作为专家咨询对象。6位专家学者均具有教授职称或博士学位，其中4位专家来自疆内，2位专家来自疆外。6位专家型教师来自6所不同的学校，且均为从事新疆中小学少数民族双语教育10年以上的优秀双语教师。

为了便于诸位专家对问卷的填写及对问卷的回收，本研究采用了在线电子问卷发放的形式。在联系专家前，笔者通过问卷星平台发布了《新疆中小学少数民族双语教育绩效影响因素专家咨询问卷》，为专家问卷咨询的实施做好了准备。在与专家取得联系后，笔者将该问卷网址发给了诸位专家，并就问卷中的相关问题进行了简短的交流。诸位专家对在线调查非常配合，很快完成了本轮专家咨询。对具体咨询结果的统计如表7-1至表7-6所示。

第七章　新疆中小学少数民族双语教育绩效系统的研究

表7-1　新疆中小学少数民族双语教育绩效影响因素重要性程度得分情况

专家类型	影响因素				
	双语学生	双语教师	家庭	同伴	环境
学者	5.0	5.0	5.0	5.0	5.0
教师	4.75	4.75	4.75	4.5	4.5
平均	4.86	4.86	4.86	4.75	4.75

专家对新疆中小学少数民族双语教育绩效影响因素重要性判别如表7-1所示。从中可以看出，5种影响因素的平均得分均在4.67以上，说明专家们对前述通过调查研究所得到的新疆中小学少数民族双语教育绩效5种影响因素认可程度比较高。具体分析各影响因素重要性得分可以看出，虽然专家学者与专家型教师对各影响因素重要性程度判别的得分略有差异，但得分差异不大。总体来看，专家普遍认为双语学生、教师及家庭因素对新疆中小学少数民族双语教育绩效的影响要略大于同伴及环境因素。

表7-2　双语学生因素各属性重要性程度得分情况

专家类型	双语学生因素各属性								
	性别	民族	就读阶段	对双语教育的适应情况	愿意接受双语教育情况	已经接受双语教育情况	双语能力	已有知识基础	努力程度
学者	3.5	4.25	4.5	4.5	5.0	4.75	4.5	4.25	4.25
教师	3.25	3.5	4.0	4.5	4.75	4.5	4.75	4.75	5
平均	3.38	3.88	4.25	4.5	4.88	4.63	4.63	4.5	4.63

专家就双语学生因素不同属性对新疆中小学少数民族双语教育绩效所产生的影响重要性程度判别得分如表7-2所示。从中可以看出，专家对双语学生因素各属性重要性程度评分最低分为3.38，说明专家对诸属性的重要性程度还是比较认可的。此外，除了对双语学生因素中的民族属性重要性程度判别得分有差异，在其他方面学者和教师

的意见大体还是比较一致的。总体来看，专家认为在双语学生因素诸属性中，愿意接受双语教育情况最重要，其次为双语学生已经接受双语教育情况、双语能力及努力程度，然后是对双语教育的适应情况及已有知识基础。

表7-3　　　　双语教师因素各属性重要性程度得分情况

专家类型	双语教师因素各属性							
	民族	学历	胜任力	教学效果	对双语教育的性向	对双语教育的基本看法	对双语教育优缺点的评价	敬业程度
学者	4.75	4.0	4.75	4.25	5.0	4.5	4.25	4.5
教师	4.0	4.25	4.5	4.75	4.75	4.75	4.25	4.5
平均	4.38	4.13	4.63	4.50	4.88	4.63	4.25	4.5

专家就双语教师因素不同属性对新疆中小学少数民族双语教育绩效所产生的影响重要性程度判别得分如表7-3所示。从中可以看出，专家对双语教师因素各属性重要性程度评分最低分为4.13，说明专家对诸属性的重要性程度还是比较认可的。此外，学者和教师对双语教师因素中诸属性重要性程度判别得分的意见大体还是比较一致的。总体来看，专家认为在双语教师因素诸属性中，教师对双语教育的性向最重要，其次为对双语教育的看法及胜任力，然后是教学效果及敬业程度。

表7-4　　　　家庭因素各属性重要性程度得分情况

专家类型	家庭因素各属性			
	家庭经济状况	父母受教育程度	父母对学业的态度	父母对双语教育的态度
学者	4.0	4.25	5.0	4.75
教师	3.5	5.0	5.0	5.0
平均	3.75	4.63	5.0	4.88

第七章 新疆中小学少数民族双语教育绩效系统的研究

专家就双语学生家庭因素各属性对新疆中小学少数民族双语教育绩效所产生的影响重要性程度判别得分如表7-4所示。从中可以看出，专家对家庭经济状况重要性程度评分最低分为3.75。此外，除了家庭经济状况外，学者和教师对家庭因素中其他属性重要性程度判别得分的意见大体还是比较一致的。总体来看，专家认为在家庭因素各属性中，父母对学业的态度最重要，其次为对双语教育的态度，然后是父母受教育程度。

表7-5　　　　同伴因素各属性重要性程度得分情况

专家类型	同伴因素各属性						
	双语能力	理科类课程学习情况	学业成就获得情况	两种文化融合情况	对学业的态度	对双语教育的态度	价值观
学者	4.5	4.0	4.5	4.75	5.0	5.0	4.75
教师	4.5	3.5	4.0	4.25	4.25	4.75	4.5
平均	4.5	3.75	4.25	4.5	4.63	4.88	4.63

专家就双语学生同伴因素各属性对新疆中小学少数民族双语教育绩效所产生的影响重要性程度判别得分如表7-5所示。从中可以看出，专家对同伴因素各属性重要性程度评分最低分为3.75，说明专家对诸属性的重要性程度还是比较认可的。此外，除了理科类课程学习情况外，学者和教师对同伴因素中其他属性重要性程度判别得分的意见大体还是比较一致的。总体来看，专家认为在同伴因素诸属性中，同伴对双语教育的态度最重要，其次为对学业的态度及价值观，然后是两种文化融合情况及双语能力。

表7-6　　　　环境因素各属性重要性程度得分情况

专家类型	环境因素各属性							
	南北疆	城市农村	兵团地方	所在地区人口特点	家庭语言使用情况	课堂语言使用情况	课间语言使用情况	日常生活中使用汉语的机会
学者	4.25	4.5	4.25	4.5	4.75	4.75	4.75	4.75
教师	4.5	4.5	4.5	4.5	5.0	5.0	5.0	4.75
平均	4.38	4.5	4.38	4.5	4.88	4.88	4.88	4.75

专家就环境因素各属性对新疆中小学少数民族双语教育绩效所产生的影响重要性程度判别得分如表7-6所示。从中可以看出，专家对环境因素各属性重要性程度评分最低分为4.38，说明专家对诸属性的重要性程度还是比较认可的。此外，学者和教师对环境因素中诸属性重要性程度判别得分的意见大体还是比较一致的。总体来看，专家认为在环境因素诸属性中，家庭、课堂及课间语言使用情况最重要，其次为日常生活中使用汉语的机会，然后是城市农村与所在地区人口特点。

在本轮专家咨询中，专家对影响新疆中小学少数民族双语教育绩效的影响因素及其属性没有新的补充，并完成了对影响因素及其属性的重要性程度的判断。从表7-1至表7-6中可以看出，专家对新疆中小学少数民族双语教育绩效的影响因素及其属性判断中重要性程度的并列项太多，不利于找出新疆中小学少数民族双语教育绩效主要影响因素，因此有必要实施新一轮的专家访谈。

二　新疆中小学少数民族双语教育绩效主要影响因素的重要性排序

在上一轮专家咨询结果的基础上，本研究挑选出每个影响因素中重要性分数排名前三的属性制定出了《新疆中小学少数民族双语教育绩效主要影响因素专家咨询问卷》，具体内容见附录6。问卷由7个大的问题组成，分别为按照重要程度对新疆中小学少数民族双语教育绩效5个影响因素（双语学生、双语教师、家庭、同伴及环境）进行排序、按照重要性程度对5个影响因素中排名前三的属性进行排序及对新疆中小学少数民族双语教育绩效影响因素及其属性的补充并对其重要性程度进行排序。完成问卷设计后，笔者就问卷的适切性与一位资深专家进行了交流，在得到专家的认可后，笔者将咨询问卷发布到了问卷星网络平台上。

完成本轮专家咨询问卷的设计与发布后，笔者联系前述参与访谈的12位专家与参与问卷调查的12位专家，共24位就前期咨询结果及本轮咨询目的及内容进行了简单沟通，并将本轮专家问卷咨询的电子问卷网址发给了他们，希望其在规定时间内完成填写。在诸位专家的积极配合之下，本轮专家咨询顺利完成。本轮专家咨询结果统计如表7-7所示。

表7-7　　新疆中小学少数民族双语教育绩效主要影响因素
及其属性重要性排序统计结果

影响因素重要性顺序	影响因素	属性重要性顺序	属性
1	双语教师	1	对双语教育的性向
		2	教学效果
		3	胜任力
		4	敬业程度
		5	对双语教育的看法
2	双语学生	1	愿意接受双语教育情况
		2	努力程度
		3	对双语教育的适应情况
		4	双语能力
		5	已有知识基础
		6	已经接受双语教育情况

续表

影响因素重要性顺序	影响因素	属性重要性顺序	属性
3	家庭	1	父母对学业的态度
		2	父母对双语教育的态度
		3	父母学历
		4	家庭经济基础
4	环境	1	日常生活中使用汉语的情况
		2	所在地区人口特点
		3	城市农村
		4	课堂语言使用情况
		5	课间语言使用情况
		6	家庭语言使用情况
5	同伴	1	对双语教育的态度
		2	对学业的态度
		3	双语能力
		4	价值观
		5	两种文化融合情况

通过表7-7可以看出，本轮的专家咨询结果表明，双语教师因素是影响新疆中小学少数民族双语教育绩效最重要的影响因素，其次是双语学生因素，然后是家庭因素，接着是环境因素，最后是同伴因素。双语教师因素中最重要的属性依次是双语教师对双语教育的性向、教学效果与胜任力。双语学生因素中最重要的属性依次是愿意接受双语教育情况、努力程度及对双语教育的适应情况。家庭因素中最重要的属性依次是父母对学业的态度、父母对双语教育的态度及父母学历情况。环境因素中最重要的属性依次是日常生活中使用汉语的情况、所在地区人口特点及城市农村。同伴因素中最重要的属性依次是对双语教育的态度、对学业的态度及双语能力。从中可以看出，新疆

中小学少数民族双语教育绩效虽然也会受到双语教育所特有因素及新疆所特有因素的影响，但其主要影响因素依然是传统教育影响因素。

本轮专家咨询结果比较一致，因此没有必要再进行新一轮的专家咨询。经过两轮的专家问卷咨询，通过对新疆中小学少数民族双语教育绩效主要影响因素及其属性的重要性判断，明确了新疆中小学少数民族双语教育绩效影响因素的主次关系。

第二节　新疆中小学少数民族双语教育绩效影响因素的作用机理

按照作用机理的定义，作用机理是由系统中各个要素内在的工作方式和各要素之间相互联系、相互作用的运行规则和原理构成。①由此可见，新疆中小学少数民族双语教育绩效影响因素的作用机理包括新疆中小学少数民族双语教育绩效影响因素中各影响因素的内在作用方式、各影响因素之间相互联系、相互作用的规则及原理三个方面。

一　新疆中小学少数民族双语教育绩效影响因素的内在作用方式

新疆中小学少数民族双语教育绩效影响因素的内在作用方式是指各影响因素是如何影响新疆中小学少数民族双语教育绩效不同方面的，也就是影响因素各属性与绩效不同方面之间具体关系的表现。

1. 双语教师因素在新疆中小学少数民族双语教育绩效影响因素中的内在作用方式

本研究利用 Spss 软件对双语教师因素各属性与新疆中小学少数民族双语教育绩效的相关关系进行了分析，并从相关关系中推出了各属性与绩效之间关系的表现，也就是双语教师因素各属性的内在作用方式。具体汇总结果如表 7-8 所示。

---

① 刘明明：《中国古代推类逻辑研究》，北京师范大学出版社 2012 年版，第 28 页。

表7-8　　新疆中小学少数民族双语教育绩效影响因素
中双语教师因素内在作用方式汇总

属性	作用方式
民族	维吾尔族双语教师所在学校的双语教育绩效要好于哈萨克族及汉族双语教师所在学校的双语教育绩效,并且汉族教师从事少数民族双语教育的效果并不十分理想
学历	双语教师的高学历并不会直接导致所在学校高绩效
胜任力	双语教师胜任力越强,则其所在学校双语教育绩效越高
教学效果	双语教师教学效果越好,则其所在学校双语教育绩效越高
对双语教育的性向	双语教师对双语教育的性向越积极,则其所在学校双语教育绩效越高
对双语教育的看法	对适应双语教育时间持积极看法的双语教师,其所在学校双语教育绩效越高;对政府主推的双语教育模式持积极看法的双语教师,其所在学校双语教育绩效越高;对早期双语教育持积极看法的双语教师,其所在学校双语教育绩效越高
对双语教育的评价	对双语教育评价积极的教师,则其所在学校双语教育绩效越高
接受培训情况	双语教师所接受的双语教育培训越系统、越有效,越有利于提高双语教师所在学校双语教育绩效

通过表7-8可以看出,除了双语教师学历因素外,双语教师的双语教学能力、积极的态度及系统的职后培训都会对新疆中小学少数民族双语教育绩效产生积极正面的影响。

2. 双语学生因素在新疆中小学少数民族双语教育绩效影响因素中的内在作用方式

本研究利用Spss软件分别对双语学生因素各属性与新疆中小学少数民族双语教育绩效不同方面的相关关系进行了分析,并从相关关系中推出了各属性与绩效不同方面之间关系的表现,其实质上就是双语学生因素各属性的内在作用方式。具体汇总结果如表7-9所示。

表 7-9　新疆中小学少数民族双语教育绩效影响因素中双语学生因素内在作用方式汇总

属性	绩效分解项	作用方式
性别	价值观	与男生相比，女生更容易树立起正确的个人层面价值观（愿望）和宏观层面价值观（国家情感）
民族	双语能力	哈萨克族双语学生的双语能力要好于维吾尔族双语学生
	课程学习情况	维吾尔族双语学生理科类课程的学习情况好于哈萨克族双语学生
	学业成就	维吾尔族学生学业成就获得情况好于哈萨克族学生
	两种文化融合	哈萨克族双语学生两种文化的融合程度要好于维吾尔族双语学生
	对双语教育的态度	与维吾尔族双语学生相比，哈萨克族双语学生对双语教育的评价更为积极，收获也更多
	价值观	维吾尔族双语学生在意愿与理想个人层面的价值观方面要好于哈萨克族双语学生，但哈萨克族双语学生在对国家情感宏观层面的价值观方面要好于维吾尔族双语学生
就读阶段	双语能力	初中阶段是语言学习的转折点，是汉语水平向纵深发展的转折点，同时也是民族语水平开始分化的转折点
	课程学习情况	双语教育中理科类课程学习情况的改善需要一个长期的积累过程，要到高中阶段理科类课程的学习情况才能得到明显的提升
	学业成就	小学阶段的双语学生成绩容易获得比较大的提高，初中阶段的双语学生比较容易取得好的成绩
	文化融合	初中阶段基本可以实现双语学生两种文化日常交流层次的文化融合，到高中阶段基本可以实现两种文化学术层次的融合
	对学业的态度	随着就读阶段的提升，双语学生对学业的积极性在降低
	对双语教育的态度	通常要到初中阶段才能对双语教育有一个比较全面的认识，并获得最大收获
	价值观	初中阶段更容易树立起个人层面的价值观，高中阶段更容易树立起国家层面的价值观

续表

属性	绩效分解项	作用方式
对双语教育的适应情况	课程学习情况	越能适应双语教育的双语学生,其文科类课程学习情况更好
	学业成就	对双语教育适应越好的双语学生,其学业成就获得情况越好
	文化融合	对双语教育适应越好的双语学生,两种文化融合情况也越好
	对学业的态度	对双语教育适应性越好的双语学生,对学业的态度也越积极
	对双语教育的态度	对双语教育的适应性越好,越容易对双语教育形成积极正面的评价,并在双语教育中获得更多的收获
	价值观	对双语教育的适应性越好的双语学生,对国家的情感态度越积极
接受双语教育的意愿	双语能力	愿意接受双语教育的双语学生,其汉语水平大多处于日常交流层次,民族语水平大多处于与接受民族语教育同龄人相当层次
	课程学习情况	接受双语教育意愿性越强的双语学生,其文科类课程学得越好
	学业成就	接受双语教育意愿越强的双语学生,其学业成就获得情况越好
	两种文化融合	接受双语教育意愿越强的双语学生,两种文化融合情况也越好
	对学业的态度	接受双语教育意愿越强的双语学生,对学业的态度越积极
	对双语教育的态度	接受双语教育的意愿越强,越容易对双语教育形成积极正面的评价,并在双语教育中获得更多的收获

续表

属性	绩效分解项	作用方式
愿意接受双语教育阶段	双语能力	愿意开始接受双语教育阶段越早的双语学生，其汉语水平越好
	课程学习情况	愿意更早地开始接受双语教育的双语学生，其文科类课程学得越好
	学业成就	愿意接受双语教育阶段越早的双语学生，其学业成绩情况越好
	对学业的态度	愿意接受双语教育阶段越早的双语学生，对学业的态度越积极
	对双语教育的态度	愿意接受双语教育阶段越早，对双语教育的评价越积极，同时在双语教育中的收获也越多
愿意接受双语教育模式	双语能力	愿意接受模式一的双语教育的双语学生，其双语能力最好，其次是模式二，然后是模式三
	课程学习情况	愿意接受模式一双语教育的双语学生，其理科类课程学得较好，愿意接受模式二双语教育的学生，其文科类课程学得较好，接受模式三双语教育的学生，其文理科学习情况适中
	学业成就	愿意接受模式三双语教育的学生学业成就获得情况最好，其次为双语教育模式二，最后为双语教育模式一
	文化融合	愿意接受模式三双语教育的学生日常交流层面的文化融合最好，其次为模式二，最后为模式一；愿意接受模式二双语教育的学生学术层面的文化融合最好，其次为模式三，最后为模式一
	对学业的态度	愿意接受模式三双语教育的学生对学业的态度最积极，其次为双语教育模式二，最后为双语教育模式一
	对双语教育的态度	愿意接受双语教育模式三的双语学生对双语教育的评价最积极，同时在双语教育中的收获也最多，模式一对双语教育评价最为消极，模式二在双语教育中的收获最少

通过表7-9可以看出，双语学生性别因素通过影响双语学生价

值观的形成来影响新疆中小学少数民族双语教育绩效；民族因素通过影响双语学生除学业态度获得之外绩效其他六个方面来影响新疆中小学少数民族双语教育绩效；就读阶段因素通过影响双语学生所有绩效水平方面来影响新疆中小学少数民族双语教育绩效；对双语教育的适应情况因素通过影响双语学生除双语能力获得之外绩效其他六个方面来影响新疆中小学少数民族双语教育绩效；愿意接受双语教育情况因素通过影响双语学生除价值观获得之外绩效其他六个方面来影响新疆中小学少数民族双语教育绩效。

3. 家庭因素在新疆中小学少数民族双语教育绩效影响因素中的内在作用方式

本研究利用 Spss 软件对家庭因素各属性与新疆中小学少数民族双语教育绩效不同方面的相关关系进行了分析，并从相关关系中推出了各属性与绩效不同方面之间关系的表现，也就是家庭因素各属性的内在作用方式。具体汇总结果如表 7-10 所示。

表 7-10　新疆中小学少数民族双语教育绩效影响因素中家庭因素内在作用方式汇总

属性	绩效分解项	作用方式
家庭经济状况	双语能力	家庭经济情况越好，越有利于双语学生汉语水平的提高，但并不利于本民族语水平提高
	学业成就获得	家庭经济状况越好的双语学生，学业成就获得情况越好
	文化融合情况	家庭经济情况越好的双语学生，在学术层次的两种文化融合越好
	对学业的态度	家庭经济情况越好的双语学生，其对学业的态度分化越严重
	对双语教育的态度	家庭经济状况越不好的双语学生，对双语教育正面与负面的评价都越多，在双语教育中的收获也越少
	价值观	家庭经济状况越好的双语学生，其理想更为明确，愿望也更为多样；家庭经济条件越好，越有利于双语学生个人层面价值观的培养，家庭经济状况一般，更有利于双语学生国家层面价值观的培养

续表

属性	绩效分解项	作用方式
父母最高学历	双语能力	父母学历越高的双语学生，其汉语水平越高，其本民族语水平整体上呈下降趋势
	课程学习情况	父母学历越高的双语学生，其理科类课程学习情况越好，文理科类课程学习差距越小
	文化融合情况	父母学历越高的双语学生，两种文化融合程度越好
	对学业的态度	父母学历越高并不会直接导致双语学生形成积极的学业态度
	对双语教育的态度	父母学历越低的双语学生，对双语教育的正面评价越多，负面评价越少，在双语教育中的收获越多
父母对学业的态度	双语能力	父母对子女上学的态度越积极，越有利于提升双语学生汉语水平，并取得与同龄人相当的本民族语水平
	课程学习情况	父母对子女上学的态度越积极，越有利于双语学生文科类课程取得好的成绩，但不利于理科类课程取得好的成绩
	文化融合	父母对子女接受教育的态度越积极，其子女两种文化融合程度越高
	对学业的态度	父母对子女上学的态度越积极，有利于双语学生形成积极的学业态度
	对双语教育态度	父母对子女上学态度越积极的学生，其对双语教育所持的态度越积极
	价值观	父母对子女上学的态度越积极，越有利于培养学生的学习兴趣，但不利于双语学生愿望层面价值观的多样化发展
父母对双语教育的态度	双语能力	父母对孩子接受双语教育支持力度越大，越有利于双语学生双语能力的培养
	文化融合	父母对子女接受双语教育的态度越积极，其子女两种文化融合程度越高
	对双语教育的态度	父母愿意孩子接受双语教育的学生，其对双语教育积极正面评价较多，在双语教育中的收获也更多
	价值观	父母对子女接受双语教育的态度越积极，越有利于双语学生愿望层面价值观的培养

通过表7-10可以看出，父母对学业和双语教育的态度越积极，越有利于孩子积极态度和双语能力的获得，家庭因素诸属性中家庭经济状况在很大程度上影响了双语学生课程学习情况及学业成就获得情况。

4. 环境因素在新疆中小学少数民族双语教育绩效系统中的内在作用方式

本研究利用Spss软件分别对环境因素各属性与新疆中小学少数民族双语教育绩效不同方面的相关关系进行了研究，并从相关关系中推出了各属性与绩效不同方面之间关系的表现，也就是环境因素各属性的内在作用方式。具体汇总结果如表7-11所示。

表7-11　　新疆中小学少数民族双语教育绩效影响因素中环境因素内在作用方式

类别	属性	绩效分解项	作用方式
地理环境	农村城市	双语能力	农村学生民族语水平略好于城市学生，但城市学生汉语水平明显好于农村学生
		课程学习情况	城市双语学生理科类课程学习情况好于农村双语学生
		学业成就	农村双语学生学业成就要好于城市双语学生
		文化融合	城市双语学生在两种文化融合方面明显好于农村双语学生
		对学业的态度	农村双语学生对学业的态度比城市双语学生积极
		对双语教育的态度	农村双语学生对双语教育的评价比城市双语学生积极，在双语教育中的收获也更多
		价值观	农村双语学生愿望更加多样、理想更为明确，城市双语学生国家情感更为多样强烈

续表

类别	属性	绩效分解项	作用方式
人文社会环境	生活地区人口特点	双语能力	民族杂居环境有利于学生获得好的双语能力，民族杂居区民族人口比例高，则其民族语水平相对较好，民族杂居区汉族人口比例高，则其汉语水平相对较好
		课程学习情况	民族杂居环境有利于双语学生对理科类课程的学习
		学业成就	单一民族居住环境有利于双语学生获得好的学业成绩并提升学业成就，民族杂居区汉族人口比例越少，则越有利于双语学生获得好得学业成绩及提升学业成就
		文化融合	生活环境中汉族人口比例的提高有利于双语学生两种文化的融合
		对学业的态度	单一民族居住环境有利于培养双语学生对学业的积极性，且杂居区汉族人口比例越低，双语学生对学业的积极性越高
		对双语教育的态度	民族成分相对单一环境中的双语学生对双语教育的评价更为积极全面，收获也更多；在民族杂居环境中，随着汉族人口比例增加，双语学生对双语教育的评价更为积极，收获越少
		价值观	所在地区汉族人口比例越高，越有利于双语学生国家情感宏观层面价值观的培养
语言环境	家庭语言使用情况	双语能力	在家使用汉语的双语学生，其汉语水平相当较好
		对双语教育的评价	在家使用本民族语的双语学生，对双语教育评价相对较多，同时在双语教育中的收获也较多

续表

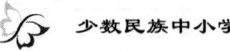

类别	属性	绩效分解项	作用方式
语言环境	课间语言使用情况	双语能力	课间使用汉语的双语学生，其汉语水平相当较好
		课程学习情况	课间使用最多语言为汉语的双语学生，其文科类课程学习情况较好，且其文理科类课程学习情况差距较大；课间使用语言为本民族语的双语学生，其理科来课程学习情况相对较好，且其文理科类课程学习情况差距较小
		学业成就	课间使用汉语较多的双语学生学业成就获得情况要好于使用本民族语的双语学生
		文化融合	课间使用汉语越多，越有利双语学生两种文化的融合
		对学业的态度	课间使用汉语机会的增加，有利于培养双语学生积极的学业态度
		对双语教育的态度	课间使用本民族语的双语学生，对双语教育正面和负面评价相对较多，同时在双语教育中的收获也相对较多
	课堂语言使用情况	双语能力	课堂使用汉语越的双语学生，其双语能力相对较好
		课程学习情况	课堂使用最多语言为汉语的双语学生，其文科类课程学习情况较好，且其文理科类课程学习情况差距较大；课堂使用语言为民族语的双语学生，其理科类课程学习情况相对较好，且其文理科类课程学习情况差距较小
		学业成就	课堂使用汉语较多的双语学生学业进步情况要好于使用本民族语的双语学生
		文化融合	课堂使用汉语越多，越有利双语学生两种文化的融合
		对双语教育的态度	课堂使用汉语的双语学生，对双语教育的评价更为积极全面，在双语教育中的收获也更多

续表

类别	属性	绩效分解项	作用方式
语言环境	日常生活中语言使用情况	双语能力	日常生活中使用汉语机会越多的双语学生，其双语水平越高
		课程学习情况	日常生活中使用汉语的机会越多，则越有利于培养双语学生对理科类课程的兴趣，越有利于缩小文理科类课程喜欢程度的差距
		学业成就	日常生活中汉语使用机会的增加，有利于获得好的学习成绩
		文化融合	日常生活中使用汉语的机会越多，越有利双语学生两种文化的融合
		对双语教育的态度	日常生活中使用汉语的机会越多，越有利于双语学生对双语教育的积极全面的评价

通过表 7-11 可以看出，新疆城市地区中小学少数民族双语教育绩效明显好于农村，因此在一定程度上来说，地理环境因素最终还是归结于其所处的经济水平与语言环境。通过对所在地区人口特点的分析也可以看出，民族杂居有助于双语学生的双语能力和情感态度价值的培养。语言环境对新疆中小学少数民族双语教育绩效的影响比较简单，积极的语言环境有利于双语学生所有方面能力的提升。总体来看，环境因素是通过经济水平及语言使用环境来影响新疆中小学少数民族双语教育绩效的。

5. 同伴因素在新疆中小学少数民族双语教育绩效影响因素中的内在作用方式

本研究利用 Spss 软件对同伴因素各属性与新疆中小学少数民族双语教育绩效不同方面的相关关系进行了分析，并从相关关系中推出了各属性与绩效不同方面之间关系的表现，也就是家庭因素各属性的内在作用方式。具体汇总结果如表 7-12 所示。

表7-12　　新疆中小学少数民族双语教育绩效影响
因素中同伴因素内在作用方式汇总

属性	绩效分解项	作用方式
双语能力	双语能力	同伴的民族语水平一般低于双语学生本人，但其汉语水平一般都比其高
课程学习情况	课程学习情况	双语学生同伴在课程学习情况方面具有理科类倾向，也就是说其同伴大多表现为喜欢文科类课程，但其理科类课程却学得相对更好
学业成就	学业成就	学习成绩相当的双语学生容易结成同伴，且学习成绩处于很好和一般层次的双语学生容易与他人结成同伴；双语学生学习成绩进步情况几乎与其同伴同步，且过去一年学习成绩有所提高但幅度不大的学生容易与他人结成同伴
文化融合	文化融合	双语学生及其同伴在两种文化融合情况层次方面基本相当，且两种文化融合情况处于日常交流层面的学生容易与他人结成同伴；双语学生及其同伴在学术交流层面上的文化融合并不理想，且喜欢教师用民族语言授课的学生容易与他人结成同伴
对学业的态度	对学业的态度	同伴对学业的态度越积极，则双语学生本人对学业的态度越积极，且对上学态度积极的双语学生容易与他人结成同伴
对双语教育的态度	对双语教育的态度	同伴对双语教育的评价越积极，则双语学生本人的评价也越积极，同伴在双语教育中的收获越多，则双语学生本人的收获也越多，且对双语教育态度大众化的学生容易与他人结成同伴
价值观	价值观	同伴价值观越积极，则双语学生的价值观也越积极，且价值观大众化的学生容易与他人结成同伴

通过表7-12可以看出，同伴积极的情感态度会在一定程度上影响双语学生积极情感态度的产生，其良好的双语能力、学业成就和文化融合情况也会在一定程度上影响双语学生相应能力的获得，从而影响新疆中小学少数民族双语教育绩效。

6. 双语教学过程因素在新疆中小学少数民族双语教育绩效影响因素中的内在作用方式

双语教学过程因素也就是双语教育所特有因素，包括接受双语教育模式，开始接受双语教育阶段及已经接受双语教育时间。本研究利用 Spss 统计软件对双语教育过程因素各属性与新疆中小学少数民族双语教育绩效不同方面的相关关系进行了分析，并从相关关系中推出了各属性与绩效不同方面之间关系的表现，也就是双语教育过程因素各属性的内在作用方式。具体汇总结果如表 7-13 所示。

表 7-13　　新疆中小学少数民族双语教育绩效影响因素中
教学过程因素内在作用方式汇总

属性	绩效分解项	作用方式
接受双语教育模式	双语能力	双语教育模式二最有利于双语能力的获得，其次为双语教育模式一，最后为双语教育模式三
	课程学习情况	双语教育模式二有利于文科类课程的学习，但会加大文理科类课程学习差距；双语教育模式三有利于提升对理科类课程的学习兴趣，也会缩小文理科类课程喜欢的人数比例差距；双语教育模式一有利于提升理科类课程的学习成绩，同时会缩小文理科类课程学习成绩的差距
	学业成就	双语教育模式一最有利于取得好的学习成绩，双语教育模式三最有利于学业成绩的提升，双语教育模式二与其他两种模式相比，在这两方面都没有优势
	文化融合	双语教育模式三最有利于学生两种文化的融合，其次为双语教育模式二，最后为双语教育模式一
	对学业的态度	双语教育模式二最有利于培养积极的学业态度，其次为双语教育模式三，最后为双语教育模式一
	对双语教育的态度	接受双语教育模式二教的学生对双语教育评价最为积极，接受双语教育模式一教的学生对双语教育的评价较为全面，接受双语教育模式三教的学生对双语教育的评价较为负面；接受双语教育模式二教的学生在双语教育中能够获得最大程度的收获，其次为双语教育模式一，最后为双语教育模式三
	价值观	双语教育模式一最有利于培养双语学生多样化的愿望，其次是双语教育模式三，最后是双语教育模式二；模双语教育模式二最有利于培养双语学生爱国主义情操，其次是双语教育模式三，最后是双语教育模式一

续表

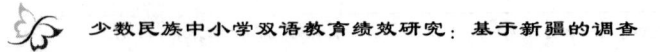

属性	绩效分解项	作用方式
开始接受双语教育阶段	双语能力	越早开始接受双语教育，越有利于日常交流层次汉语能力的获得，越晚开始双语教育越有利于学术层次汉语能力的获得；在所有接受双语教育阶段中，小学阶段开始接受双语教育的学生本民族语水平最高
	课程学习情况	接受双语教育阶段越早，越有利于文科类课程的学习，同时文理科类课程学习情况差距越大；接受双语教育阶段相对晚些，会有利于理科类课程的学习，同时缩小文理科类课程学习差距
	学业成就	小学阶段开始接受双语教育最有利于获得好的学生学业成就，其次是学前教育阶段
	文化融合	越早开始接受双语教育，越有利于两种文化在日常交流层面的融合
	对学业的态度	越早开始接受双语教育，越不有利于培养双语学生积极的学业态度
	对双语教育的态度	在小学阶段接受双语教育的学生对双语教育的评价较为积极全面，同时也能够在双语教育中获得最大程度的收获
	价值观	接受双语教育阶段越早的双语学生，其愿望更加多样化，理想更为明确；初中阶段接受双语教育阶段的学生对国家的情感最为多样强烈，其次为学前教育阶段，最后为小学阶段
已经接受双语教育年数	双语能力	双语教育中，不同汉语能力水平获得需要的时间不同，接受7年至9年双语教育汉语水平通常处于日常交流水平，接受10年以上双语教育汉语水平通常处于学术水平；本民族语能力的获得同样需要时间，不可能自然获得，接受双语教育时间越长，本民族语水平越高
	课程学习情况	双语学生课程学习情况随着接受双语教育年数是在不断变化的，接受双语教育在4年至6年才能根本上提升理科类课程的学习情况，并有效缩小文理科类课程学习情况的差距
	学业成就	在一定程度上来说，接受语双语教育年数越长，越有利于学生学业成绩提升
	文化融合	接受双语时间越长，越有利于两种文化的融合
	对学业的态度	接受双语时间越长的双语学生，对学业态度消极的人数比例越多
	对双语教育的态度	通常接受双语教育在7年至9年的双语学生能够对双语教育有一个全面而积极的评价，同时也能够在双语教育中获得最大程度的收获
	价值观	接受双语教育时间越长的双语学生，其愿望不再仅限于学业方面，更趋于多样化

通过表7-13可以看出,每种双语教育模式对绩效作用的方面并不相同,因此双语教育模式选择方面必须根据实际情况来选择,总体来看,模式二与模式三优于模式一;在接受双语教育阶段方面,学前或小学阶段接受双语教育,其绩效相对较好;接受双语教育时间越长,其绩效相对较好。

二 新疆中小学少数民族双语教育绩效影响因素的作用规则

规则是指特定的次序,客观世界的一切变化都遵循一定的规则。社会群体系统的组成同样遵循一定的规则,没有秩序和行为准则的群体不可能存在和发展。① 新疆中小学少数民族双语教育绩效影响因素的作用规则是指各影响因素相互作用过程中所遵循的秩序和准则,也就是各影响因素相互作用的先后关系及作用准则。

新疆中小学少数民族双语教育绩效影响因素是在双语教育绩效影响因素概念模型的基础上确定的,其影响因素相互作用的关系也必然遵循双语教育绩效影响因素概念模型中的基本关系。参照双语教育绩效影响因素概念模型,本研究建构了新疆中小学少数民族双语教育绩效影响因素概念模型。具体结果如图7-1所示。图中不仅明确了新疆中小学少数民族双语教育绩效的影响因素,而且明确了各影响因素之间的作用规则。

图7-1中箭头表示了各影响因素之间的作用关系,单向箭头表示单向作用关系,双向箭头表示双向作用关系。每个影响因素后圆圈里的阿拉伯数字表示该影响因素的重要性程度,图中在每个影响因素中最重要的3个属性同样用带圆圈的阿拉伯数字予以标示。教学过程中接受双语教育年数属性加黑加下划线予以了特别强调,表示该属性不仅体现了教学过程及双语学生接受双语教育情况,而且体现了新疆中小学少数民族双语教育中的投入因素,因此该图中没有将投入因素再单独列出。图中双语教师因素及双语学生因素是双语教育这一行为

---

① 段维祥:《系统思维漫谈》,中国民航出版社2006年版,第161页。

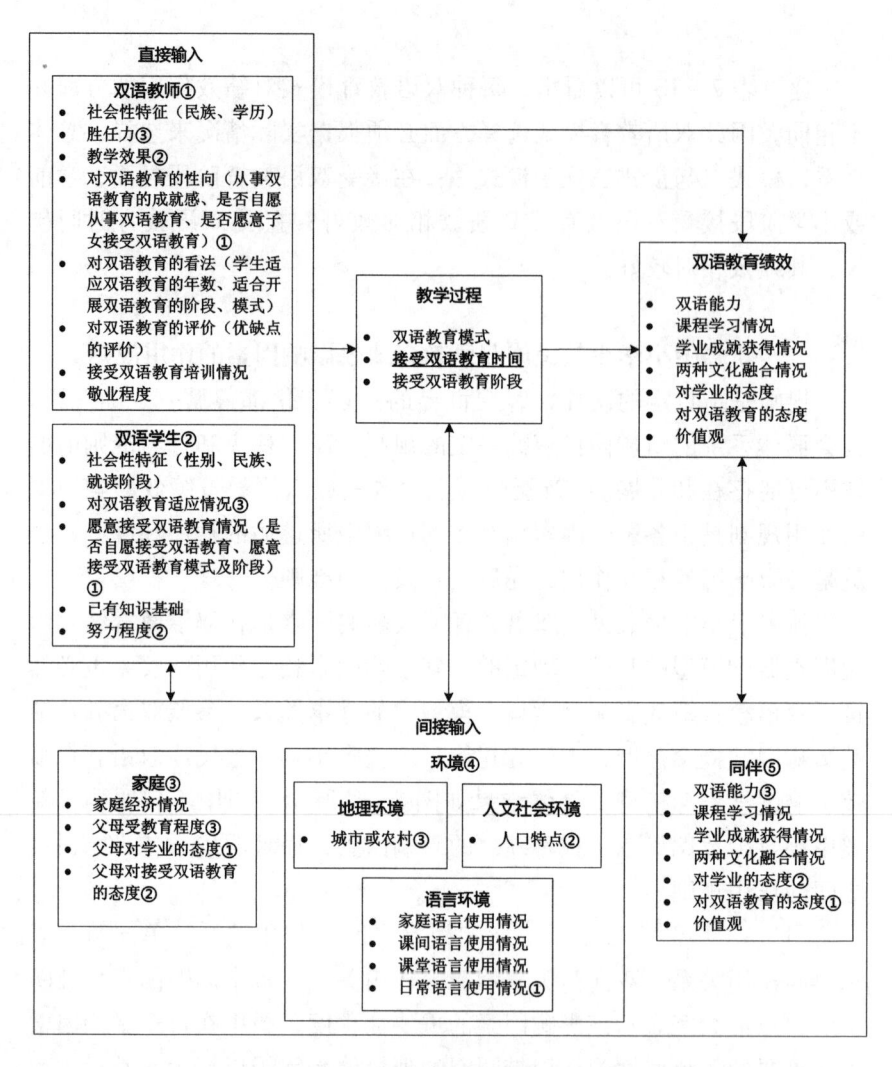

```
┌─────────────────────────────────────────────────────────────────────┐
│  直接输入                                                            │
│  ┌──────────────────────────┐                                       │
│  │ 双语教师①                 │                                       │
│  │ • 社会性特征（民族、学历）  │                                       │
│  │ • 胜任力③                 │                                       │
│  │ • 教学效果②               │                                       │
│  │ • 对双语教育的性向（从事双  │                                       │
│  │   语教育的成就感、是否自愿  │        ┌──────────────┐    ┌─────────────────┐
│  │   从事双语教育、是否愿意子  │        │ 教学过程      │    │ 双语教育绩效     │
│  │   女接受双语教育）①       │────────▶│              │───▶│ • 双语能力      │
│  │ • 对双语教育的看法（学生适  │        │ • 双语教育模式│    │ • 课程学习情况   │
│  │   应双语教育的年数、适合开  │        │ • 接受双语教育时间│ │ • 学业成就获得情况│
│  │   展双语教育的阶段、模式）  │        │ • 接受双语教育阶段│ │ • 两种文化融合情况│
│  │ • 对双语教育的评价（优缺点  │        └──────────────┘    │ • 对学业的态度   │
│  │   的评价）                │                             │ • 对双语教育的态度│
│  │ • 接受双语教育培训情况     │                             │ • 价值观        │
│  │ • 敬业程度               │                             └─────────────────┘
│  └──────────────────────────┘
│  ┌──────────────────────────┐
│  │ 双语学生②                 │
│  │ • 社会性特征（性别、民族、 │
│  │   就读阶段）              │
│  │ • 对双语教育适应情况③     │
│  │ • 愿意接受双语教育情况（是 │
│  │   否自愿接受双语教育、愿意 │
│  │   接受双语教育模式及阶段） │
│  │   ①                      │
│  │ • 已有知识基础            │
│  │ • 努力程度②              │
│  └──────────────────────────┘
└─────────────────────────────────────────────────────────────────────┘

┌─────────────────────────────────────────────────────────────────────┐
│  间接输入                                                            │
│  ┌────────────────┐  ┌─────────────────────────────┐  ┌──────────────┐
│  │ 家庭③           │  │ 环境④                        │  │ 同伴⑤         │
│  │ • 家庭经济情况  │  │ ┌──────────┐ ┌────────────┐  │  │ • 双语能力③   │
│  │ • 父母受教育程度③│  │ │地理环境   │ │人文社会环境 │  │  │ • 课程学习情况│
│  │ • 父母对学业的态度①│ │ │• 城市或农村③│ │• 人口特点② │  │  │ • 学业成就获得情况│
│  │ • 父母对接受双语教育│ │ └──────────┘ └────────────┘  │  │ • 两种文化融合情况│
│  │   的态度②       │  │ ┌─────────────────────────┐  │  │ • 对学业的态度②│
│  └────────────────┘  │ │ 语言环境                  │  │  │ • 对双语教育的态度①│
│                      │ │ • 家庭语言使用情况        │  │  │ • 价值观      │
│                      │ │ • 课间语言使用情况        │  │  └──────────────┘
│                      │ │ • 课堂语言使用情况        │  │
│                      │ │ • 日常语言使用情况①      │  │
│                      │ └─────────────────────────┘  │
│                      └─────────────────────────────┘
└─────────────────────────────────────────────────────────────────────┘
```

图 7-1　新疆中小学少数民族双语教育绩效系统概念模型

作用的直接输入变量，家庭、同伴及环境是间接输入变量，双语教育绩效是双语教育这一行为在直接输入变量和间接输入变量共同作用下的结果。家庭、同伴及环境因素通过双向作用于双语教育这一行为的输入、过程及结果来影响最终双语教育绩效的获得。

三　新疆中小学少数民族双语教育绩效影响因素作用原理

原理是对规律的说明，而规律是本质的关系或本质间的关系，是概念间的内在逻辑联系。① 新疆中小学少数民族双语教育绩效影响因素作用原理就是指对新疆中小学少数民族双语教育绩效影响因素中影响因素作用规则的说明。并且，前述研究表明，新疆中小学少数民族双语教育绩效影响因素中的主要影响因素同样是传统教育的影响因素，因此对新疆中小学少数民族双语教育绩效作用规则的说明不能脱离传统教育中影响因素的作用规则。

1. 双语教师因素在新疆中小学少数民族双语教育绩效影响因素中的作用原理

在所建构的新疆中小学少数民族双语教育绩效影响因素中，双语教师是最重要的影响因素，其中双语教师对双语教育的教学效果及胜任力又是双语教师因素中最主要的属性，本节中双语教师因素的作用原理分析主要从这三方面属性展开。

美国教育心理学家古诺特（G. Notter）曾经说过：教育的成功和失败，教师是决定性因素，并且教师采用的方法和每天的情绪是造成学习气氛和情境的主因。由此可见，教师的情感态度对学生情感态度培养的重要性。在新疆中小学少数民族双语教育绩效影响因素中，双语教师对双语教育的性向会直接影响到双语学生愿意接受双语教育情况及努力程度，从而影响到新疆中小学少数民族双语教育绩效的获得。

德国著名教育家第斯多惠（F. A. W. Diesterweg）说过，谁要是自己还没有发展培养和教育好，他就不能发展培养和教育别人。② 由此可见，教师的知识能力对学生培养的重要性。在新疆中小学少数民族双语教育绩效影响因素中，双语教师所具备的知识能力直接决定了其的教学效果及是否胜任目前的双语教学工作。双语教师的教学效果及

---

① 陈厚德编著：《有效教学》，教育科学出版社2000年版，第137页。
② 陈洪江：《先生的情怀》，广西教育出版社1991年版，第102页。

胜任力通过影响双语学生的努力程度及对双语教育的适应情况来影响新疆中小学少数民族双语教育绩效的获得。

通过上述分析可以看出，在新疆中小学少数民族双语教育绩效影响因素中，双语教师的知识技能及情感态度通过直接作用于双语学生相应知识技能及情感态度的获得来影响双语教育绩效的获得。此外，双语教师因素不仅会直接作用于双语教育结果的获得，而且还会双向作用于家庭、同伴及环境来间接影响双语教育绩效的获得。

2. 双语学生因素在新疆中小学少数民族双语教育绩效影响因素中的作用原理

在所建构的新疆中小学少数民族双语教育绩效影响因素中，双语学生是第二重要的影响因素，其中双语学生愿意接受双语教育情况、努力程度及对双语教育的适应情况又是学生因素中最重要的属性，本节中双语学生因素的作用原理分析主要从这三方面属性展开。

在新疆中小学少数民族双语教育绩效影响因素中，双语学生是直接输入变量，其直接与绩效输出结果相联系。学生对双语教育的适应情况是优良绩效产生的基础，如果双语学生不能适应目前的双语教育模式，则一切努力都会大打折扣；学生愿意接受双语教育情况为优良绩效的产生指明了方向，违背了学生的意愿，要取得好的绩效将非常艰难；学生的努力程度是产生优良绩效的动力，没有学生的努力就不会有好的绩效。

通过上述分析可以看出，在新疆中小学少数民族双语教育绩效影响因素中，双语学生的意愿、努力程度及适应情况是决定最终绩效的直接输入变量，其不仅通过与双语教师的教与学的行为过程来影响最终绩效的获得，而且会直接作用于最后输出结果或通过与家庭、同伴及环境的双向作用来影响最终绩效的获得。

3. 家庭因素在新疆中小学少数民族双语教育绩效影响因素中的作用原理

在所建构的新疆中小学少数民族双语教育绩效影响因素中，家庭是第三重要的影响因素，其中父母对学业的态度、对双语教育的态度及受教育程度又是家庭因素中最重要的属性，本节中家庭因素的作用原理分析主要从这三方面属性展开。

根据米德（G. H. Mead）的符合互动理论，孩童时期对人具有最大影响的当首推父母。① 父母的态度不仅影响孩子的性格，而且会影响到孩子智力及能力的形成。在新疆中小学少数民族双语教育中，父母对子女学业及接受双语教育的态度越积极，则越有利于双语学生树立积极的双语教育态度，最大程度上激发其努力程度，最终有利于优良绩效的产生。

通常认为，父母的受教育程度，会直接影响到子女对教育的需求。② 在新疆中小学少数民族双语教育中，父母受教育程度越高，则其就会越重视子女知识与能力的提高，更倾向于为子女营造一种接受双语教育的有利环境，则更有利于子女更好地适应双语教育，并使其更加愿意接受双语教育，并付诸努力。

通过上述分析可以看出，在新疆中小学少数民族双语教育绩效影响因素中，父母对学业、双语教育的态度及学历，通过双向间接作用于双语学生的意愿、努力程度及适应情况和双语教师对双语教育的性向、教学效果和胜任力来影响最终绩效的获得。此外，家庭因素还会双向间接作用于教学过程及输出结果来间接影响双语教育绩效的获得。

4. 环境因素在新疆中小学少数民族双语教育绩效影响因素中的作用原理

在所建构的新疆中小学少数民族双语教育绩效影响因素中，环境是第四重要的影响因素，其中日常语言使用情况、人口特点及城市农村又是环境因素中最重要的属性，本节中环境因素的作用原理分析主要从这三方面属性展开。

皮亚杰（J. Piaget）认为，儿童的经验是与外界物理环境和社会环境相互接触而获得的知识，并且儿童发展的每一阶段都是儿童的成

---

① 孙元政：《明德论》，吉林人民出版社2005年版，第13页。
② 张继华等：《教育经济新视野》，电子科技大学出版社2004年版，第72页。

熟与环境相互作用的结果。① 环境通过改变儿童的态度与感受，影响儿童的感觉方式、行为表现及最终所学。在新疆中小学少数民族双语教育绩效影响因素中，人文社会环境（包括日常语言使用情况及人口特点）和地理社会环境（农村与城市）通过与双语学生的相互接触与作用过程，来影响双语学生的感受（愿意接受双语教育及对双语教育的适应情况）和行为表现（努力程度）从而影响最终绩效的获得。

通过上述分析可以看出，在新疆中小学少数民族双语教育绩效影响因素中，环境因素在与双语儿童的相互作用中通过作用于儿童的态度与行为及双语教师对双语教育教学效果和胜任力来影响最终绩效的获得。此外，环境因素是一个开放的系统，它本身是在与学生、教师、家庭及同伴的相互作用中不断变化，同时它还在其中起着桥梁的作用，将家庭及同伴的影响作用于双语教育过程及结果来影响最终绩效的获得。

5. 同伴因素在新疆中小学少数民族双语教育绩效影响因素中的作用原理

在所建构的新疆中小学少数民族双语教育绩效影响因素中，同伴是第五重要的影响因素，其中同伴对双语教育的态度、对学业的态度及双语能力又是同伴因素中最重要的属性，本节中同伴因素的作用原理分析主要从这三方面属性展开。

社会心理学家哈吐普（Willard W. Hartup），将儿童发展过程中形成的人际关系分为两种：一种是儿童与父母、师长等具有更多知识和更大的成人之间形成的"垂直关系"，它能够为儿童提供安全和保护；另一种是儿童与具有相同社会权利的同伴之间形成的"水平关系"，它能够为儿童提供学习和交流社会经验与技能的机会。② 在一定程度上来说，同伴比父母及师长在儿童社会化过程中发挥更为重要的作用，良好的伙伴关系有助于儿童获得必要的社会技能、安全感和

---

① 袁爱玲、席小莉、窦岚副：《幼儿园教育环境创设》，高等教育出版社2010年版，第144页。

② 刘启珍、杨黎明：《学与教的心理学》，华中科技大学出版社2012年版，第69页。

归属感,并有助于儿童自我概念和人格的发展。① 在新疆中小学少数民族双语教育绩效影响因素中,同伴对双语教育的态度会直接影响双语学生愿意接受双语教育情况,同伴对学业的态度会直接影响双语学生的努力程度,而同伴的双语能力会直接影响双语学生对双语教育的适应情况,从而影响最终绩效的获得。

通过上述分析可以看出,在新疆中小学少数民族双语教育绩效影响因素中,同伴的态度和双语能力通过作用于双语学生的态度和双语能力来影响其社会化过程,最终影响新疆中小学少数民族双语教育绩效的获得。此外,同伴因素还会间接双向作用于教学过程及最终结果输出来影响双语教育绩效的获得。

6. 双语教学过程因素在新疆中小学少数民族双语教育绩效影响因素中的作用原理

在所建构的新疆中小学少数民族双语教育绩效影响因素中,双语教学过程是与双语教师和双语学生同样重要的影响因素,它是所有输入因素能够发挥最大作用的核心。

叶澜教授认为人类的教育活动起源于交往,在一定意义上说教育是一种特殊的交往活动。② 当交往双方形成一种传递经验并以影响身心发展为目的的活动时,交往就演化为教育。双语教学过程中的双语教育模式、开始接受双语教育阶段及已经接受双语教育时间通过作用于教师与学生的交往方式影响双语教育绩效的获得。

通过上述分析可以看出,在新疆中小学少数民族双语教育绩效影响因素中,教学过程通过作用于教师与学生的交往方式直接影响双语教育绩效的获得,而教学过程又会通过影响家庭、同伴及环境来间接影响双语教育绩效的获得。

总体来看,在新疆中小学少数民族双语教育绩效影响因素中,各因素之间并不是孤立的,而是存在着或直接或间接的相互作用关系,

---

① 方建移、张英萍:《学校教育与儿童社会性发展》,浙江教育出版社2005年版,第144—149页。

② 叶澜:《新编教育学教程》,华东师范大学出版社2006年版,第22页。

通过彼此的相互作用影响着新疆中小学少数民族双语教育绩效的获得。

第三节　小结

本章通过对新疆中小学少数民族双语教育绩效影响因素之间关系与作用机理的研究，建构了新疆中小学少数民族双语教育绩效影响因素。首先在所确定的新疆中小学少数民族双语教育绩效影响因素的基础上，本研究通过两轮的专家访谈明确了各影响因素及其属性的重要性程度，从而确定了各影响因素及其属性的主次关系。

在对作用机理内涵进行分析的基础上，本研究认为新疆中小学少数民族双语教育绩效影响因素的作用机理包括各影响因素的内在作用方式、影响因素之间的作用规则及作用原理。第六章已经对新疆中小学少数民族双语教育绩效影响因素各属性与绩效不同方面相关关系的表现进行了分析，本章通过汇总各自表现，明确了新疆中小学少数民族双语教育绩效各影响因素的内在作用方式；在双语教育绩效影响因素概念模型的基础上，本章建构了新疆中小学少数民族双语教育绩效影响因素概念模型，明确了各影响因素作用的先后关系及作用准则；在所建构的新疆中小学少数民族双语教育绩效影响因素概念模型的基础上，本章通过对新疆中小学少数民族双语教育中各影响因素作用过程的分析，明确了各影响因素的作用原理。

通过对新疆中小学少数民族双语教育绩效影响因素之间关系及作用机理的研究，本研究发现，新疆中小学少数民族双语教育绩效各影响因素之间存在着相互作用关系，每个因素直接或间接地受到其他因素的影响，而每个影响因素作用的发挥并不会脱离传统教育影响因素的作用规则及原理。

第八章

新疆中小学少数民族双语教育绩效改进措施研究

意大利艺术家达·芬奇曾经说过,理论脱离实践是最大的不幸。① 建构新疆中小学少数民族双语教育绩效影响因素的最终目的是要提出绩效改进措施,仅建构了绩效系统,绩效改进措施并不会因此而凸显出来,还需要利用绩效技术的绩效分析与原因分析方法,才能提出有效的绩效改进措施。

第一节 新疆中小学少数民族双语教育绩效的绩效差距

绩效差距就是预期绩效与当前绩效差距所在,要识别出新疆中小学少数民族双语教育绩效差距,就需要将其预期绩效与绩效现状进行比对。

一 新疆中小学少数民族双语教育的预期绩效

按照新疆中小学少数民族双语教育绩效的内涵,新疆中小学少数民族双语教育的预期绩效就是在一定的教育投入下,"民汉兼通"这

---

① [意]达·芬奇(L. da Vinci):《芬奇论绘画》,戴勉编译,人民美术出版社1986年版,第40页。

一双语教育目标的完全实现。要实现对新疆中小学少数民族双语教育预期绩效的测量，就必须首先明确"民汉兼通"这一目标完全实现的具体标准。

"民汉兼通"的具体标准在政府发布的相关文件中并没有明确的规定，在同类文献中也没有详细的标准解读。尽管没有现成的标准可供参考，但从新疆中小学少数民族双语教育实践中可以看出有关各方对"民汉兼通"这一目标所持的事实标准。近年来新疆中小学少数民族双语教育逐渐向低龄化与高沉浸度方向发展，即新疆中小学少数民族双语教育实施阶段越来越早，实施过程中汉语在双语课堂中使用的比例越来越高。由此可以看出，新疆中小学少数民族双语教育实践中对"民汉兼通"这一目标中双语能力及两种文化融合方面的要求是最高标准。因为如果学生的双语能力和两种文化融合情况不达到最高标准的话，其将无法适应目前的双语课堂。此外，新疆中小学少数民族双语学生毕业步入社会后，社会对其的要求与接受其他教育的学生是一样的，并不会因为其接受的教育形式而对其降低用人标准。由此可见，新疆中小学少数民族双语教育预期绩效所要求的"民汉兼通"标准必然是最高层次的标准。

二 新疆中小学少数民族双语教育绩效差距

新疆中小学少数民族双语教育的绩效差距就是新疆中小学少数民族双语教育预期绩效与现实绩效之间的差距。要确定新疆中小学少数民族双语教育绩效差距就必须先明确预期绩效。新疆中小学少数民族双语教育绩效差距就是绩效现状与"民汉兼通"的最高标准相比较的结果。

在双语能力方面，通过表6-1可以看出，被调查双语学生中本民族语水平低于接受本民族语教育同龄人水平的人数比例为10.1%，汉语水平还不能达到用汉语讲授课程水平的人数比例为54.1%。由此可见，被调查双语学生在汉语水平方面的绩效差距还非常大，仅有45.9%的学生汉语水平能够达到预期绩效标准。

在课程学习情况方面，通过表6-2可以看出，被调查双语学生中理科类课程学得好的人数比例为30.6%,文科类课程学得好的人数比例是理科类课程学的好人数的2.16倍,被调查双语学生中喜欢理科类课程的人数比例为35.4%,喜欢文科类课程的人数是喜欢理科类课程人数的1.62倍。由此可见,被调查双语学生在课程学习情况方面的差距还比较大,仅有30.6%的双语学生理科类课程学习情况能够达到预期绩效标准。

在学业成就获得情况方面,通过表6-3可以看出,被调查双语学生中学习成绩处在好以下的人数比例为62.1%,在最近一年里其学业成绩没有进步及以下的人数比例为10.5%。由此可见,被调查双语学生在学业成就方面存在的绩效差距比较大,仅有37.9%的学生学业成就能够达到预期绩效标准。

在两种文化融合方面,通过表6-4可以看出,被调查双语学生中两种文化融合处于日常交流层面的人数比例为53.2%,两种文化融合处于学术层面的人数比例为21.9%。由此可见,被调查双语学生在两种文化融合情况方面存在的绩效差距比较大,仅有21.9%的学生学术层面文化融合情况能够达到预期绩效标准。

在学业态度方面,通过表6-5可以看出,被调查双语学生中喜欢上学的人数比例为85.3%。由此可见,被调查双语学生在学业态度方面存在的绩效差距不大,85.3%的学生在学业态度能够达到预期绩效标准。

在对双语教育态度方面,通过表6-15和表6-16可以看出,被调查双语学生中认为双语教育没有优点的人数比例为6.1%,认为双语教育没有缺点的人数比例为23.4%,接受双语教育后没有收获的人数比例为5.5%。由此可见,被调查双语学生在对双语教育态度方面存在的绩效差距不大,93.9%的双语学生在对双语教育态度方面能够达到预期绩效标准。

在价值观方面,通过表6-17和表6-18可以看出,被调查双语学生在理想与愿望个人层面价值观方面没有负面情感,但在对国家层面价值观方面,被调查双语学生中有1.1%的人表达了对国家的负面情感,有2.2%的人没有列出一条喜欢做中国人的原因。由此可见,被调查双语学生在价值观方面存在的绩效差距不大,96.7%的学生在价值观方面达到了预期绩效标准。

对新疆中小学少数民族双语教育绩效差距的大小进行排序,结果如表8-1所示。从中可以看出,新疆中小学少数民族双语教育绩效差距超过50%的是文化融合方面、理科类课程学习方面、学业成就获得方面及汉语水平方面。

表8-1　　　　新疆中小学少数民族双语教育绩效差距统计

绩效差距	绩效水平分解项						
	文化融合	理科类课程学习情况	学业成就	汉语水平	学业态度	双语教育态度	价值观
百分比(%)	77.3	69.8	55.6	54.3	15.1	6.8	3.3

由对以上七个方面的绩效差距分析可以看出,新疆中小学少数民族双语教育绩效在有些方面存在的差距比较大,如两种文化融合、课程学习、学业成就及双语能力方面,其中两种文化融合情况之间存在的绩效差距最大,其次为课程学习情况,然后为学业成就获得情况,最后为双语能力,而在绩效有些方面存在的差距比较小,如对学业的态度、对双语教育的态度及价值观方面。总体来看,新疆中小学少数民族双语教育绩效在情感态度培养方面存在的绩效差距比较小,而在具体能力培养方面存在的绩效差距比较大。

第二节　新疆中小学少数民族双语教育绩效的原因分析

原因分析是绩效改进中非常重要的一个环节,其主要目的是要解释绩效差距存在的原因。虽然原因分析不能直接提出绩效改进措施,但原因分析可以通过对引起绩效差距的原因进行梳理归类来揭示其背后深层次的原因,有助于有效绩效改进措施的提出。对新疆中小学少数民族双语教育绩效差距存在原因的分析,要基于所建构的新疆中小学少数民族双语教育绩效影响因素。

一 合格双语教师匮乏是导致绩效差距的最主要原因

通过所建构的新疆中小学少数民族双语教育绩效影响因素概念模型可以看出,双语教师是影响新疆中小学少数民族双语教育绩效的最重要因素,其中双语教师对双语教育的性向、教学效果和胜任力是最重要的影响属性。通过分析双语教师因素这三个属性的基本情况及其对新疆中小学少数民族双语教育绩效的影响,就能够明确双语教师因素引起绩效差距的原因。

(一)双语教师的双语教育性向方面存在的原因

双语教师的双语教育性向由双语教师从事双语教育的成就感、意愿及让自己孩子接受双语教育的意愿组成。具体统计结果如表8-2所示。

表8-2　　双语教师对双语教育性向基本情况

分类	双语教育成就感				从事双语教育的意愿				让孩子接受双语教育意愿			
	成就感高	成就感相同	成就感低	同样不能获得成就感	非常愿意	不是很愿意	无所谓	不愿意	愿意	有点不愿意	不愿意	没考虑过
百分比(%)	31.4	22.9	38.9	6.8	37.5	20.4	29.8	12.3	59.0	9.4	10.3	21.3

本研究中表8-2双语教师对双语教育性向基本情况的调查显示,只有37.5%的教师在双语教育性向方面是完全积极的,而从表7-8对双语教师各属性内在作用方式的汇总可以看出,双语教师对双语教育的性向越积极,则其所在学校的双语教育绩效越好,因此双语教师对双语教育性向的不积极,在一定程度上也是新疆中小学少数民族双语教育绩效差距存在的原因。

(二)双语教师教学效果方面存在的原因

双语教师的教学效果是双语教师自评的结果,由自己满意和学生满意组合而成。共分为四个等级,分别为自己和学生都满意、学生满意而自己不满意、自己满意而学生不满意及自己和学生都不满意。具体调查结果如表8-3所示。

表8-3　　　　　　　　双语教师教学效果情况

分类	教学效果			
	自己和学生都满意	学生满意而自己不满意	自己满意而学生不满意	自己和学生都不满意
百分比(%)	25.4	19.2	36.2	19.2

在双语教师教学效果方面,表8-3双语教师教学效果情况的调查显示,只有25.4%的双语教师的教学效果获得了双语教师及学生的认可。而从表7-8对双语教师各属性内在作用方式的汇总可以看出,双语教师的教学效果越好,则其所在学校的双语教育绩效越好,因此双语教师教学效果不理想,在一定程度上也是新疆中小学少数民族双语教育绩效差距存在的原因。

(三)双语教师胜任力方面存在的原因

双语教师胜任力是双语教师自评的结果,以衡量双语教师能否胜任目前的双语教育。双语教师胜任力共分为四个等级,分别为完全可以胜任、基本可以胜任、不能完全胜任及不能胜任。对被调查双语教师胜任力的统计结果如表8-4所示。

表8-4　　　　　　　　被调查双语教师胜任力

分类	双语教师胜任力			
	完全可以胜任	基本可以胜任	不能完全胜任	不能胜任
百分比(%)	33.7	36.2	16.5	13.6

在双语教师胜任力方面,表8-4被调查双语教师胜任力的调查显示,只有33.7%的双语教师能够完全胜任目前的双语教学,而从

表 7-8 对双语教师各属性内在作用方式的汇总可以看出,双语教师的胜任力越好,则其所在学校的双语教育绩效越好,因此双语教师胜任力不理想,在一定程度上也是新疆中小学少数民族双语教育绩效差距存在的原因。

双语教师对双语教育积极的性向、完全的胜任力和良好的教学效果是合格双语教师必备的素质,因此在一定程度上可以说,新疆中小学少数民族双语教育实践中合格双语教师严重匮乏,是教师因素方面导致绩效差距存在的最重要原因。

二 大部分双语学生不能适应目前的双语教育是导致绩效差距的重要原因

通过对新疆中小学少数民族双语教育绩效影响因素中双语学生因素的分析可以看出,双语学生愿意接受双语教育情况、努力程度及对双语教育的适应情况是双语学生因素中最重要的属性。通过分析学生因素这三个属性的基本情况及其对新疆中小学少数民族双语教育绩效的影响,就能够明确学生因素引起绩效差距的原因。

对双语教育的适应情况及接受双语教育的意愿的统计结果如表 8-5 所示,结果显示,只有 43.1% 的被调查双语学生表示完全可以适应目前的双语教学,74.5% 的被调查双语学生表示愿意接受双语教育。

表 8-5   被调查双语学生对双语教育的适应情况
及愿意接受双语教育情况

分类	对双语教育的适应情况				是否愿意接受双语教育			愿意接受双语教育阶段					愿意接受双语教育模式		
	完全可以	基本可以	有点不适应	完全不适应	自愿	非自愿	无所谓	学前	小学	初中	高中	大学	模式一	模式二	模式三
百分比(%)	43.1	38.7	16.1	2.1	74.5	20.9	4.6	43.2	36.6	10.7	4.8	4.7	28.4	31.1	40.5

由此可见，大部分双语学生并不能适应目前的双语教育模式，而从表7-9对双语学生各属性内在作用方式的汇总可以看出，双语学生对双语教育的适应情况与除双语能力之外的双语教育绩效其他方面的获得密切相关。因此，大部分双语学生不能适应目前的双语教育，是学生因素方面导致绩效差距存在的重要原因。

三 父母学历普遍偏低也是导致绩效差距的重要原因

通过对新疆中小学少数民族双语教育绩效影响因素中家庭因素的分析可以看出，双语学生父母对其子女学业的态度、对双语教育的态度及受教育程度是家庭因素中最重要的属性。通过分析家庭因素这三个属性的基本情况及其对新疆中小学少数民族双语教育绩效的影响，就能够明确家庭因素引起绩效差距的原因，具体调查结果如表8-6所示。

表8-6　　　　　　被调查双语学生家庭情况统计

分类	家庭经济状况				父母中最高受教育程度				是否支持上学				是否支持双语班		
	较好	一般	不太好	非常不好	大学	中学	小学	文盲	非常支持	支持	无所谓	不支持	支持	无所谓	不支持
百分比(%)	25.5	60.2	10.8	3.5	22.6	55.5	18.9	3.0	72.8	23.7	3.1	0.4	91.9	5.1	3.1

本研究中表8-6被调查双语学生家庭情况统计表明，双语学生父母对其学业及双语教育的态度都非常积极，但其受教育程度在中学以上的人数比例仅为22.6%。由此可见，大部分双语学生父母学历都比较低，并不能给孩子学业方面太多的帮助，而从表7-10对双语学生家庭各属性内在作用方式的汇总可以看出，父母受教育程度与除学业成就和价值观之外的双语教育绩效其他方面的获得密切相关。因此，父母学历普遍偏低，是家庭因素方面导致绩效差距存在的重要原因。

四 大部分双语学生处于并不有利的语言与人文社会环境中也是导致绩效差距的重要原因

通过对新疆中小学少数民族双语教育绩效影响因素中环境因素的分析可以看出，双语学生日常语言使用情况、所在地区人口特点及生长在城市还是农村是环境因素中最重要的属性。通过分析环境因素这三个属性的基本情况及其对新疆中小学少数民族双语教育绩效的影响，就能够明确环境因素引起绩效差距的原因。

美国人类学家怀特曾经说过，"每个人都降生于先他而存在的文化环境中。当他一来到世界，文化就统治了他，随着他的成长，文化赋予他语言、习俗、信仰、工具等。总之，是文化向他提供作为人类一员的行为方式和内容"①。由此可以看出，每个人都处在特定的地理与文化环境中。在本研究中，环境因素分为地理环境、人文社会环境及语言环境。地理环境因素包括被调查对象所在学校所处地理环境是在农村还是城市。人文社会环境指人口特点因素。语言环境由家庭使用语言、课间使用语言、课堂使用语言及日常生活中汉语使用情况构成。具体调查结果如表8-7所示。

表8-7　　　　　　被调查双语学生所处环境基本情况

分类	户口性质		所在地区人口特点				家庭使用最多语言		课间使用最多语言		课堂使用最多语言		日常生活中使用汉语机会		
	农村	城市	基本少数民族	大部分少数民族	大部分汉族	基本汉族	汉语	本民族语	汉语	本民族语	汉语	本民族语	没有	很少	很多
百分比(%)	73.6	26.4	19.0	62.5	18.1	0.4	3.8	96.2	33.3	66.7	83.4	16.6	5.9	49.9	44.2

---

① [美]怀特：《文化的科学》，山东人民出版社1988年版，第162页。

通过表8-7被调查双语学生所处环境基本情况统计表明，只有44.2%的双语学生在日常生活中有使用汉语的机会，81.5%的双语学生都生活在少数民族人口占多数的环境中，73.6%的双语学生生活在农村地区。而从表7-11中对环境因素各属性作用方式的汇总可以看出，日常生活中使用汉语的机会与除对学业态度和价值观之外的双语教育绩效其他方面的获得密切相关，生活地区人口特点及农村城市与双语教育绩效所有方面的获得密切相关。日常生活中使用汉语的机会及所在地区人口特点与语言环境密切相关，而生长在农村还是城市不仅与语言环境有关，而且还与人文社会环境密切相关。由此可见，大部分双语学生处于并不有利的语言与人文社会环境，是环境因素方面导致绩效差距存在的重要原因。

五　同伴汉语水平普遍不高是导致绩效差距的重要原因

通过对新疆中小学少数民族双语教育绩效影响因素中同伴因素的分析可以看出，双语学生同伴对双语教育的态度、学业态度和双语能力是同伴因素中最重要的属性。通过分析同伴因素这三个属性的基本情况及其对新疆中小学少数民族双语教育绩效的影响，就能够明确同伴因素引起绩效差距的原因。

由前述对双语学生教育态度和学业态度的统计可以看出，双语学生同伴在双语教育态度与学业态度方面的绩效水平与预期绩效差距并不大，主要差距在于双语能力。表6-1被调查双语学生的双语能力表明，只有45.9%的被调查双语学生汉语水平能上用汉语讲授的课，而从表7-12对同伴因素各属性内在作用方式的汇总可以看出，同伴双语能力与双语学生本人双语能力密切相关。由此可见，同伴的汉语水平普遍较低，大多是同质性同伴，并不能在日常生活中进行太多的汉语交流，同伴因素方面是导致绩效差距存在的重要原因。

通过上述对新疆中小学少数民族双语教育绩效影响因素的分析可以看出，新疆中小学少数民族双语教育绩效差距存在的主要原因是缺乏足够的能够胜任双语教学的双语教师、双语学生的汉语水平并不能适应目前的双语教学及缺乏来自家庭、同伴及环境方面的支持，其中合格双语教师的匮乏是最主要的原因。将这些原因进一步聚焦可以发现，新疆的地理环境和经济环境实质上是造成这些原因的根本。这不是一朝一夕就能完成的，需要几代人长期不懈的努力才有可能实现，而新疆中小学少数民族双语教育绩效的改进又刻不容缓，因此提出在现有条件下改进新疆中小学少数民族双语教育绩效的措施与建议就显得尤为珍贵。

第三节　新疆中小学少数民族双语教育绩效的改进措施及建议

在明确了新疆中小学少数民族双语教育中存在的绩效问题及其主要原因后，结合所建构的新疆中小学少数民族双语教育绩效影响因素，本研究提出以下具体绩效改进措施及建议。

一　新疆中小学少数民族双语教育绩效改进措施

在对新疆中小学少数民族双语教育绩效差距的原因分析中可以看出，合格双语教师的匮乏是影响新疆中小学少数民族双语教育绩效的最主要原因。针对这个事实，本研究提出以下绩效改进措施。

1. 针对本科起点的各专业师范生设置少数民族双语教育研究方向

前述研究表明，能够胜任目前新疆中小学少数民族双语教育的合格双语教师的匮乏是影响新疆中小学少数民族双语教育绩效的主要原因。合格双语教师产生的途径只有两种，一是新的优秀教师的补充，二是原有教师的在岗培训。在新教师的补充方面，新疆维吾尔自治区2007年就启动了"定向培养免费师范生计划"，设立专项资金为喀什、和田、克州、阿克苏、伊犁、塔城、阿勒泰、巴州、哈密和博州等南北疆十地州培养农村基层学校教师。自2007年以来，该项目共招生11952人，目前仍有7386人在读，2766人已经在所定向地州农村基层学校任教。这些毕业生虽然在一定程度上缓解了当地学校双语教师短缺的问题，但相对于基层庞大的需求而言可谓是杯水车薪。此外，这些免费师范生并不是严格按照少数民族双语教师的标准进行培养的，只是设置了相应的语言类课程，对少数民族双语教育的教学设计之类的课程较少涉及。因此有必要针对本科起点的各专业师范生设置少数民族双语教育研究方向，对即将从事少数民族双语教育的师范生进行系统的培养。

2. 继续扩大实施新疆中小学少数民族双语教师"两年制"脱产培训，并加强对培训的设计与评价研究

新疆地区 2011 年已经完成了第一轮对中小学少数民族双语教师的培训，早期为"一年制"，后期因为培训效果不理想改为"两年制"。目前第二轮对新疆中小学少数民族双语教师"两年制"脱产培训正在全国范围内如火如荼地进行着，效果还有待观察。但通过对新疆少数民族双语教师培训（两年制）指导性教学计划的分析可以看出，在培训课程设置方面还存在着重汉语能力培养而轻双语教学设计及教学能力培养的问题。而通过对新疆中小学少数民族双语教育绩效差距的原因分析可以看出，双语教师的双语教学能力是影响新疆中小学少数民族双语教育绩效的重要原因，因此有必要加大对双语教师双语教学能力的培养，为此必须对该如何实施培训进行全面的设计与评价研究。

3. 大幅度提高新疆中小学少数民族双语教师的待遇，加强对双语教师教学效果的考评

通过前述所建构的新疆中小学少数民族双语教育绩效影响因素可以看出，新疆中小学少数民族双语教师双语教育的性向及教学效果是影响双语教育绩效的重要属性之一。而对新疆中小学少数民族双语教育绩效的调查研究显示，只有三成的双语教师对双语教育的性向比较积极，只有两成的双语教师教学效果能够令人满意。因此必须采取措施从根本上提升双语教师从事双语教育的意愿，并使真正胜任双语教育的老师来从事双语教育，而提高待遇无疑是留住优秀双语教师的最有效方式。

除了要大幅度提高新疆中小学少数民族双语教师待遇外，还必须加强对双语教师教学效果的考评，使其能够在双语教育实践中不断磨

炼双语教学能力，使双语教师在实践中能够不断发展，最终提高双语教师整体素质。

二 新疆中小学少数民族双语教育绩效改进建议

针对新疆中小学少数民族双语教育中存在的绩效问题，本研究从制度层面在以下几个方面提出绩效改进建议。

1. 在制度层面明确新疆中小学少数民族双语教育目标及其标准

研究中发现，新疆中小学少数民族双语教育的目标是"民汉兼通"，但教育部门并没有在制度层面对这一目标及其标准进行详细的解读与细化，致使相当数量的一线教师、学生及家长错误解读了新疆中小学少数民族双语教育预期绩效。只有明确了不同阶段新疆中小学少数民族双语教育目标，才能使各界对新疆中小学少数民族双语教育当前所面临的绩效问题有一个正确的认识，也才能从根本上找到改进新疆中小学少数民族双语教育绩效的措施。

2. 采取多项措施切实提升双语教师的知识能力与态度

从所建构的新疆中小学少数民族双语教育绩效影响因素中可以看出，双语教师是影响新疆中小学少数民族双语教育绩效的最重要影响因素，其中双语教师对双语教育的性向、教学效果及胜任力是最重要的属性。而对新疆中小学少数民族双语教育绩效问题的原因分析中可以看出，双语教师双语知识、教学能力及对双语教育态度的不足是引发新疆中小学少数民族双语教育绩效问题的主要原因之一。因此有效提升双语教师的双语能力与教学能力，促使双语教师树立起对双语教育的正确态度是提高新疆中小学少数民族双语教育绩效的当务之急。

3. 双语教育的推进一定要以学生已有的知识能力与态度为基础

从所建构的新疆中小学少数民族双语教育绩效影响因素中可以看出，双语学生自身是新疆中小学少数民族双语教育绩效影响因素中第二位重要影响因素，其中双语学生愿意接受双语教育情况、努力程度及对双语教育的适应情况是最重要的属性。而对新疆中小学少数民族双语教育绩效问题的原因分析中可以看出，新疆中小学少数民族双语教育中双语学生双语能力与适应能力不足及接受双语教育动机不强是导致双语教育实践中多项绩效改进措施实施艰难的重要原因。因此在具体双语教育的实施过程中，一定要充分考虑到双语学生的接受程度、适应程度及已有的双语能力，切不可盲目推进。在制定双语教育绩效改进措施时，要努力增进双语教育的吸引力，促使更多的少数民族学生自发产生接受双语教育的意愿，在具体实施过程中应该努力使学生适应目前的双语教育模式，并且在最大程度上激发学生的学习动机。

4. 重视家庭及同伴在双语教育中作用的发挥

从所建构的新疆中小学少数民族双语教育绩效影响因素中可以看出，双语学生家庭因素与同伴因素都是新疆中小学少数民族双语教育绩效的影响因素，其中家庭因素更是第三位重要影响因素。研究表明，父母对学业的态度、对双语教育的态度及学历是家庭因素中最重要的属性，同伴对双语教育的态度、对学业的态度、双语能力是同伴因素中最重要的属性。而从对新疆中小学少数民族双语教育绩效问题的原因分析中可以看出，新疆中小学少数民族双语教育家庭因素中双语学生父母知识能力不足是导致双语教育实践中家庭因素很难发挥支持资源作用的重要原因。而双语学生同伴因为自身知识能力及态度，可发挥的支持程度也非常有限。因此在具体双语教育的实施过程中，应该积极创建学习型社会，使双语学生家庭能够积极参与到双语教育活动中，加强同伴间学习共同体情感态度的培养，使双语学生家庭及其同伴在双语教育中发挥更大的促进作用。

5. 营造有利于双语教育开展的环境

从所建构的新疆中小学少数民族双语教育绩效影响因素中可以看出，环境因素是新疆中小学少数民族双语教育绩效的重要影响因素，其中日常语言使用情况、人口特点及农村城市是环境因素中最重要的属性，这些属性归根结底在于语言环境。而对新疆中小学少数民族双语教育绩效问题的原因分析中可以看出，缺乏环境支持是导致新疆中小学少数民族双语教育绩效问题的主要原因。因此为了提升双语教育绩效，应该在全社会努力营造有利于双语教育开展的社会文化环境，尤其是语言环境。

第四节 小结

在新疆中小学少数民族双语教育绩效现状的基础上，本章对新疆中小学少数民族双语教育绩效进行了需求分析，以明确新疆中小学少数民族双语教育绩效差距。从实际对双语人才需求的角度，本章重新解读了新疆中小学少数民族双语教育"民汉兼通"这一目标，认为新疆中小学少数民族双语教育预期绩效应该是"民汉兼通"这一目标的最高标准。并从新疆中小学少数民族双语教育绩效七个不同方面明确了预期绩效与现实绩效之间的差距。研究结果表明，新疆中小学少数民族双语教育现实绩效与预期绩效之间的差距还是非常大的，其中汉语水平、课程学习情况及两种文化融合情况三个方面的差距相对更大。

在新疆中小学少数民族双语教育绩效差距的基础上，本章通过对新疆中小学少数民族双语教育绩效影响因素主要属性的分析，明确了绩效差距存在的原因在于缺少合格的双语教师、双语学生的汉语水平不能适应目前的双语教育模式、缺少来自家庭与同伴的支持及处于不利的语言环境中，其中缺少合格的双语教师是最主要的原因。

在新疆中小学少数民族双语教育差距原因分析的基础上，本章首先提出了新疆中小学少数民族双语教育绩效改进的具体措施，再结合新疆中小学少数民族双语教育绩效所存在的问题，本章从政策层面提出了新疆中小学少数民族双语教育绩效改进建议。

第九章

新疆中小学少数民族双语教育绩效评价指标体系的建构

绩效评价（performance evaluation）是一种衡量、评价、影响个人工作表现的行为，以此来揭示被评价个体工作的有效性，从而使其自身、组织乃至社会都受益。对双语教育进行绩效评价能够客观地反映双语教育的实施情况，有助于人们理性地判断双语教育的成效与缺失，能够保证双语教育的顺利发展。新疆中小学少数民族双语教育绩效评价的目的是要全面了解新疆中小学少数民族双语教育实施的现状与双语教育目标的实现程度，以实现对新疆中小学少数民族双语教育的价值判断，从而发现新疆中小学少数民族双语教育实施过程中存在的问题，为制订新的、更加切实可行的双语教育计划提供依据，其最终目的是要促进新疆中小学少数民族教育事业的发展。

第一节 新疆中小学少数民族双语教育绩效评价指标的确定

双语教育作为一种特殊的教育形式，在对其进行评价的时候，不能完全照搬一般教育领域里的评价内容，需要根据其教育目标及特点制定相应的评价指标。

一 确定新疆中小学少数民族双语教育绩效评价指标的方法

该如何评价双语教育，对于这一问题，学者们持有不同的观点。

第九章　新疆中小学少数民族双语教育绩效评价指标体系的建构

弗莱明（Fleming）特别强调形成性评价方法的应用。他认为，双语教育评价的问题是与日益增加的对学习评价强调联系在一起的，而不是为了学习的评价，后来的形成性评价对大量增加的双语学生是最重要的。但随着越来越重视对高风险的问责制的测试，开发和利用形成性评价双语教育一直被忽略。有学者特别强调过程性评价。双语教育评价是对其质和量做出判断，有效的评价切忌外在的、机械的评价，要求激发师生在评价中的创造性，注重师生的自我内在性评价。双语教育的学生评价既重视对学生学习的语言目标、专业目标和社会文化理解目标实现程度的终结性评价，又重视对学生在学习过程中所表现的学习态度、多元文化的适应能力、时间观念、学习能力等过程评价。[1] 除按照学生现在的表现进行评价外，有些研究中也逐渐重视提高的变化率。如将这一年的 3 年级学生数学成绩与上一年的 3 年级学生数学成绩进行比较，和将上一年 3 年级学生成绩与该年 4 年级学生成绩进行比较，这样就可以较为充分地了解各方面的绩效。

从文献梳理可以看出，对双语教育评价方法的研究，是从结果性评价转向过程性与表现性评价。过程性评价和表现性评价都可以很好地体现绩效的行为，实现了对绩效行为的考察。但已有研究缺失对效益与效率的考察，需要加大对能体现双语教育绩效效率与效益的评价方法研究。

评价指标的确定是建立评价指标体系的第一步，也是非常重要的一步。确定评价指标离不开评价内容，要对评价内容进行全面的分析才能够建立完备的评价指标。除了具备全面性特点外，评价指标还必须具有可操作性。鉴于评价指标的上述特点，学界一般采用文献研究法来初步确定评价指标，再利用德尔菲法来最终确定评价指标。

1. 文献研究法

文献研究法主要指搜集、鉴别、整理文献，并通过对文献的研究形成对事实的科学认识的方法。本研究中通过对国内外双语教育评价文献的收集与整理，结合新疆中小学少数民族双语教育的实际情况，

---

[1] 钱源伟：《双语教学有效性初探》，《当代教育科学》2003 年第 13 期。

初步构建新疆中小学少数民族双语教育绩效评价指标模型。

2. 德尔菲法

德尔菲法（Delphi 法），又称专家咨询法，是就一定的问题函请相关领域的专家提出意见或看法，然后将专家的答复意见或新设想加以科学地综合、整理、归纳，以匿名的方式将所归纳的结果反馈给各专家再次征询意见。如此经过多轮反复，直到意见趋于较集中，得到一种比较一致的、可靠性较高的意见。本研究在初步拟定的评价指标的基础上，设计了新疆中小学少数民族双语教育绩效评价指标遴选专家问卷，组织相关专家利用专家咨询法，从初步拟定的评价指标中进一步筛选指标，经过多轮专家咨询，最后确定新疆中小学少数民族双语教育绩效评价指标框架。

二　确定新疆中小学少数民族双语教育绩效评价指标的过程

要建构新疆中小学少数民族双语教育绩效评价指标，首先需要在文献研究的基础上，初步构建指标模型，然后让专家对指标的合理性进行判断，经过多轮反复判断修改才能最终确定新疆中小学少数民族双语教育绩效评价指标。

1. 初步构建新疆中小学少数民族双语教育绩效评价指标模型

查阅文献可以发现，目前还没有现成的可供参考的双语教育绩效评价指标模型。已有的双语教育评价模型大致分为三类，分别是对双语教育的预期评价、过程评价与结果评价。[①] 新疆中小学少数民族双语教育绩效的评价是对新疆中小学少数民族双语教育这一行为结果的评价，其已经包括了预期评价、过程评价及结果评价，因此对新疆中小学少数民族双语教育评价指标模型的构建需要综合上述三个方面的评价内容。

根据第二章第二节对双语教育评价的文献综述可以看出，目前国内外对双语教育的评价主要涉及以下五个方面：一是对学生双语能力

---

① John A. Buggs, *A Better Chance to Learn: Bilingual Bicultural Education*, New York: Clearninghouse Publication, 1975, p. 103.

第九章 新疆中小学少数民族双语教育绩效评价指标体系的建构

与学业成绩的评价,二是对学生参与双语教育的积极性、对双语教育的价值认识及态度等的评价,三是对双语教师的双语能力、教学能力、态度等的评价,四是对影响双语教育结果的各种社会因素的评价,包括对双语学生家长对双语教育态度、社会环境及各种双语教育资源的评价,五是对双语教育计划实施情况、可行性等的评价。因为绩效评价的主体必须是明确的个人或组织,而传统评价的对象中除了双语学生、教师满足此条件外,双语教育绩效影响因素及双语教育计划的评价均不满足此条件,因此,需要明确这两类影响因素的主体,并对其进行合理的归类。

本研究第七章对新疆中小学少数民族双语教育绩效影响因素进行了深入的调查研究,从中可以看出,影响新疆中小学少数民族双语教育绩效的各种社会因素分别属于双语学生家庭因素、同伴因素及学校因素,双语教育计划实施情况也可以划归到双语学校层面,因此,新疆中小学少数民族双语教育绩效评价的主体由四个方面组成,分别为双语学生、双语教师、双语学生家庭及双语学校。

此外,新疆中小学少数民族双语教育绩效评价应该是对新疆中小学少数民族双语教育的有效性、效率及效益三个方面的评价。目前国内外对双语教育的评价模型大多是对双语教育有效性的评价,较少评价双语教育这一行为的效率与效益。也就是说,目前对双语教育的评价大多是对双语教育目标实现程度的评价,较少考虑到双语教育实施过程中的投入产出比及产出对预期双语教育目标的贡献程度。因此,本研究中增加了生均经费指标以体现实施双语教育这一行为的效率,增加了双语教育计划实施情况来体现双语教育结果对预期双语教育目标的贡献程度。

基于以上分析,本研究初步提出了新疆中小学少数民族双语教育评价模型,具体模型如图9-1所示。

通过图9-1可以看出,新疆中小学少数民族双语教育绩效评价对象包括双语学生、双语教师、双语学生家庭及双语学校。双语学生评价包括对其双语能力、学科成绩、文化融合情况及对双语教育态度的评价;双语教师的评价包括对其双语能力、多元文化能力、双语教学能

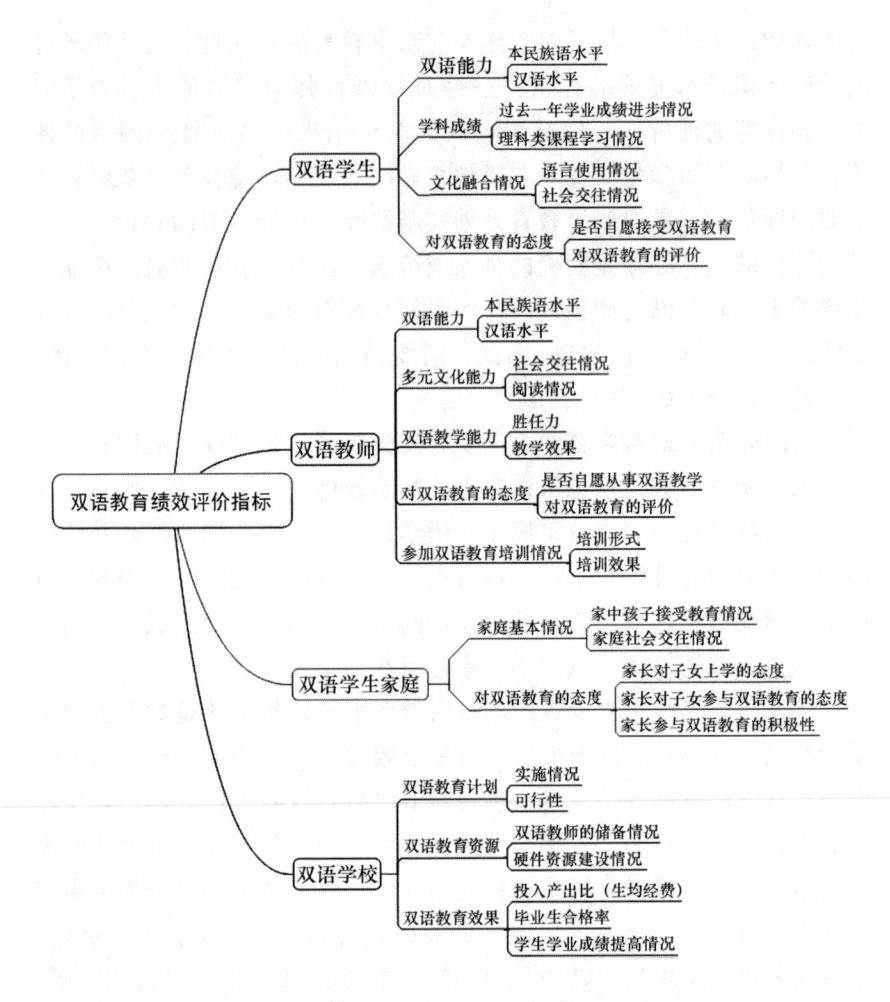

```
                                        ┌ 双语能力 ─┬ 本民族语水平
                                        │         └ 汉语水平
                                        │ 学科成绩 ─┬ 过去一年学业成绩进步情况
                          ┌ 双语学生 ────┤         └ 理科类课程学习情况
                          │             │ 文化融合情况 ─┬ 语言使用情况
                          │             │              └ 社会交往情况
                          │             └ 对双语教育的态度 ─┬ 是否自愿接受双语教育
                          │                                └ 对双语教育的评价
                          │             ┌ 双语能力 ─┬ 本民族语水平
                          │             │         └ 汉语水平
                          │             │ 多元文化能力 ─┬ 社会交往情况
                          │             │              └ 阅读情况
  双语教育绩效评价指标 ────┤ 双语教师 ────┤ 双语教学能力 ─┬ 胜任力
                          │             │              └ 教学效果
                          │             │ 对双语教育的态度 ─┬ 是否自愿从事双语教学
                          │             │                  └ 对双语教育的评价
                          │             └ 参加双语教育培训情况 ─┬ 培训形式
                          │                                    └ 培训效果
                          │             ┌ 家庭基本情况 ─┬ 家中孩子接受教育情况
                          │ 双语学生家庭 ┤              └ 家庭社会交往情况
                          │             │              ┌ 家长对子女上学的态度
                          │             └ 对双语教育的态度 ┼ 家长对子女参与双语教育的态度
                          │                              └ 家长参与双语教育的积极性
                          │             ┌ 双语教育计划 ─┬ 实施情况
                          │             │              └ 可行性
                          └ 双语学校 ────┤ 双语教育资源 ─┬ 双语教师的储备情况
                                        │              └ 硬件资源建设情况
                                        └ 双语教育效果 ─┬ 投入产出比（生均经费）
                                                       ├ 毕业生合格率
                                                       └ 学生学业成绩提高情况
```

图 9-1 初步构建的新疆中小学少数民族双语教育绩效评价指标模型

力、对双语教育的态度及参加双语教育培训情况的评价；双语学生家庭评价包括对家庭基本情况及父母对双语教育态度的评价；双语学校的评价包括对学校双语教育计划、双语教育资源及双语教育结果的评价。

2. 多轮专家意见反馈后的新疆中小学少数民族双语教育绩效评价指标模型

在初步构建的新疆中小学少数民族双语教育绩效评价指标模型

第九章　新疆中小学少数民族双语教育绩效评价指标体系的建构

的基础上，编制新疆中小学少数民族双语教育绩效评价指标专家问卷。遴选出本领域的六位专家，分别请六位专家单独填写新疆中小学少数民族双语教育绩效评价指标专家问卷。回收专家问卷后，计算每个指标所得分数的平均值，平均值可以显示出专家意见的集中程度，评价值越大说明专家对相应指标的认同度越高，说明该指标可采纳。

通过对专家问卷的分析可以看出，专家对4个一级指标及14个二级指标的认同程度都比较高，对30个三级指标大部分认同程度还是比较高的，仅对其中的3个指标提出了异议，分别是体现双语学生文化融合情况中的语言使用情况、体现双语教师多元文化能力的阅读情况及体现双语学校双语教育结果的生均经费使用情况。结合专家意见对上述指标进行修正，修正后的结果如图9-2所示。

通过图9-2可以发现，新模型不但对专家提出质疑的3项指标进行了修改，对相关的部分指标也进行了修改，修改力图体现出对双语教育有效性、效率及效益的评价。对双语学生评价三级指标的修改有两处，分别是将"理科类课程学习情况"修改为"数学成绩"，将"语言使用情况"修改为"日常生活中两种语言使用比例"。对双语教师评价三级指标的修改也有两处，分别是将"阅读情况"修改为"多元文化教学能力"，在培训情况中增加"培训次数"。需要说明的是，教师的多元文化教育能力包括三个方面的内容，一是教师要认可和尊重学生的文化差异，对来自不同文化背景的学生持肯定态度，并能将学生的差异看作所有学生的学习资源；二是教师要熟悉学生先前的经验和文化，将教学建立在学生的经验基础上；三是教师要能够为文化背景千差万别的学生提供适宜的教学。[①] 对双语学生家庭评价内容没有修改。对双语学校评价内容的修改较多，将二级指标"双语教育效果"修改为"双语教育质量"，将三级指标"双语教育计划实施情况"修改为"预期目标实现程度"，将"投入产出比（生均经费）"从二级指标"教育效果"中删除，在二级指标"教育资源"中

---

① 王艳玲：《美国教师多元文化教育能力述评》，《外国教育研究》2013年第9期。

```
双语教育绩效评价指标
├─ 双语学生
│   ├─ 双语能力
│   │   ├─ 本民族语水平
│   │   └─ 汉语水平
│   ├─ 非语言学科的课程学习情况
│   │   ├─ 过去一年学业成绩进步情况
│   │   └─ 数学成绩
│   ├─ 文化融合情况
│   │   ├─ 日常生活中两种语言使用比例
│   │   └─ 同伴族别情况
│   └─ 对双语教育的态度
│       ├─ 接受双语教育的意愿
│       └─ 对双语教育的评价
├─ 双语教师
│   ├─ 双语能力
│   │   ├─ 本民族语水平
│   │   └─ 汉语水平
│   ├─ 多元文化能力
│   │   ├─ 社会交往情况
│   │   └─ 多元文化教学能力
│   ├─ 双语教学能力
│   │   ├─ 胜任力
│   │   └─ 教学效果
│   ├─ 对双语教育的态度
│   │   ├─ 从事双语教育的意愿
│   │   └─ 对双语教育的评价
│   └─ 参加双语教育培训情况
│       ├─ 培训形式
│       ├─ 培训次数
│       └─ 培训效果
├─ 双语学生家庭
│   ├─ 家庭基本情况
│   │   ├─ 家中孩子接受教育情况
│   │   └─ 家庭社会交往情况
│   └─ 对双语教育的态度
│       ├─ 家长对子女上学的态度
│       ├─ 家长对子女参与双语教育的态度
│       └─ 家长参与双语教育的积极性
└─ 双语学校
    ├─ 双语教育计划
    │   ├─ 预期目标实现程度
    │   └─ 双语教育计划的可行性
    ├─ 双语教育资源
    │   ├─ 双语教师的储备情况
    │   ├─ 双语教育硬件资源建设情况
    │   └─ 教育经费使用情况
    └─ 双语教育质量
        ├─ 毕业生合格率
        └─ 学生学业成绩提高情况
```

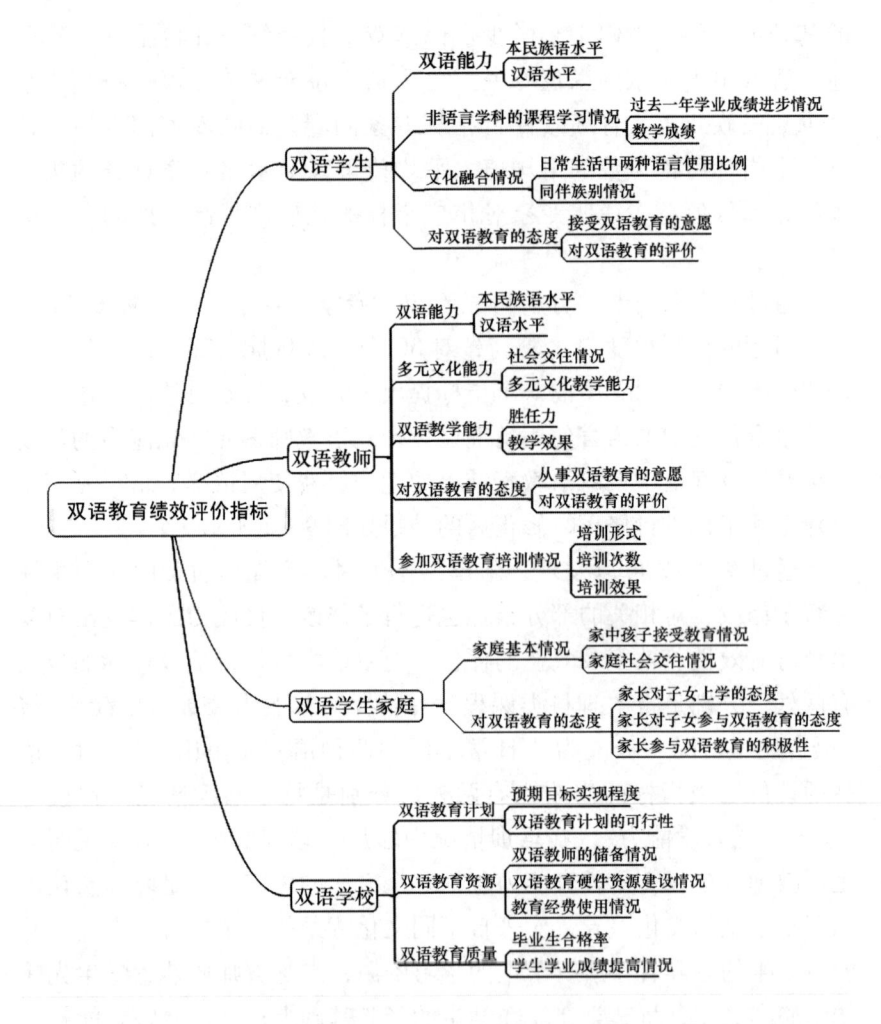

图 9-2 第一轮专家意见修正后的新疆中小学少数民族双语教育绩效评价指标模型

增加"教育经费使用情况"。

将专家第一轮修正后的指标模型结果再次反馈给六位专家，六位专家对修改后的结果基本比较认同，各项指标的平均分均在 3 分以上，有一位专家提出应该在双语学生对双语教育的态度中添加能够反映学生努力程度的指标,在对双语教师的评价中添加能够反映双语教师从事双语教育积极性的指标,课题组在综合考虑后,采纳了此项建议,在原来31个三级指标的基础上增加了2个指标,分别是能够反映双语学生学习态度的指标"学习努力程度"及反映双语教师对双语教育态度的指标"从事双语教育的积极程度"。

第二轮专家意见修正后的模型有一级指标4个,二级指标14个,三级指标33个。将本轮修正后的结果再次反馈给六位专家,专家没有再提出修改意见,模型修正到此结束,最终的新疆中小学少数民族双语教育绩效评价指标模型如图9-3所示。

第二节 新疆中小学少数民族双语教育绩效评价指标权重的确定

在确定了评价指标后,接下来的工作就是要确定评价指标的权重。有很多方法可以用来确定指标权重,基本可以分为定性与定量两种方法。究竟选用何种方法来确定评价指标权重,除了受研究者研究背景制约外,最重要的影响因素是研究需要。

一 确定评价指标权重的方法选择

新疆中小学少数民族双语教育绩效评价指标体系构建要体现出对新疆中小学少数民族双语教育的有效性、效率及效益的评价。众所周知,相对于教育有效性而言,对教育效率及效益的测量是非常困难的,无法用定性或者定量的方式进行简单描述,通常需要将半定性、半定量的问题转化为定量计算问题,而层次分析法是解决这类问题的行之有效的方法。

层次分析法(Analytic Hierarchy Process,AHP)是由美国数学家萨蒂(A. L. Saaty)在20世纪70年代初提出的一种特别适合具有复杂层次结构的多目标决策分析技术。是在对复杂的决策问题的本质、影响因素及其内在关系等进行深入分析的基础上,利用较少的定量信息使决策的思维过程数学化,从而为多目标、多准则或无结构特性的

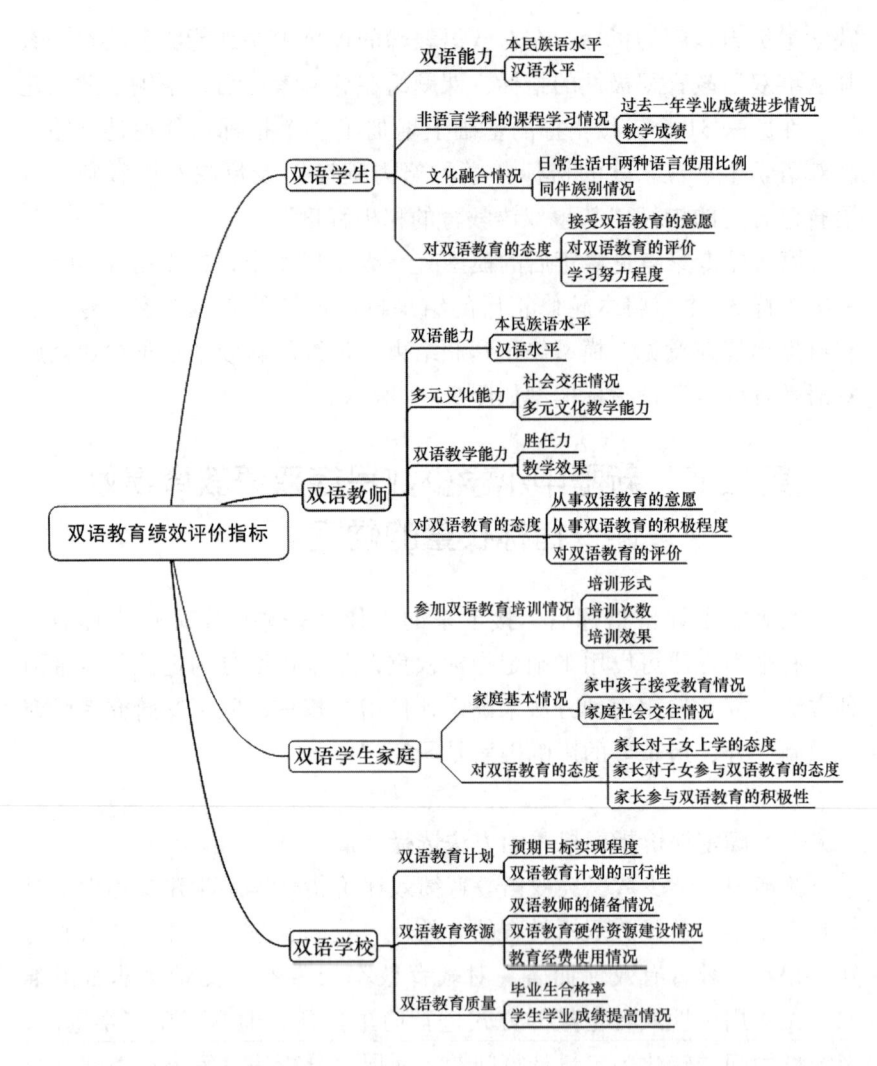

```
                                            ┌ 本民族语水平
                                  双语能力 ┤
                                            └ 汉语水平
                                                          ┌ 过去一年学业成绩进步情况
                                  非语言学科的课程学习情况 ┤
                                                          └ 数学成绩
                      双语学生 ┤
                                                    ┌ 日常生活中两种语言使用比例
                                  文化融合情况 ┤
                                                    └ 同伴族别情况
                                                    ┌ 接受双语教育的意愿
                                  对双语教育的态度 ┤ 对双语教育的评价
                                                    └ 学习努力程度

                                            ┌ 本民族语水平
                                  双语能力 ┤
                                            └ 汉语水平
                                                ┌ 社会交往情况
                                  多元文化能力 ┤
                                                └ 多元文化教学能力
                                                  ┌ 胜任力
                                  双语教学能力 ┤
                                                  └ 教学效果
双语教育绩效评价指标 ┤ 双语教师 ┤
                                                    ┌ 从事双语教育的意愿
                                  对双语教育的态度 ┤ 从事双语教育的积极程度
                                                    └ 对双语教育的评价
                                                        ┌ 培训形式
                                  参加双语教育培训情况 ┤ 培训次数
                                                        └ 培训效果

                                                ┌ 家中孩子接受教育情况
                                  家庭基本情况 ┤
                                                └ 家庭社会交往情况
                      双语学生家庭 ┤
                                                    ┌ 家长对子女上学的态度
                                  对双语教育的态度 ┤ 家长对子女参与双语教育的态度
                                                    └ 家长参与双语教育的积极性

                                                ┌ 预期目标实现程度
                                  双语教育计划 ┤
                                                └ 双语教育计划的可行性
                                                  ┌ 双语教师的储备情况
                      双语学校 ┤ 双语教育资源 ┤ 双语教育硬件资源建设情况
                                                  └ 教育经费使用情况
                                                  ┌ 毕业生合格率
                                  双语教育质量 ┤
                                                  └ 学生学业成绩提高情况
```

图 9-3 第二轮专家意见修正后的新疆中小学少数民族双语教育绩效评价指标模型

复杂决策问题提供简便的决策方法，该方法具有坚实的理论基础、层次分明、指标对比等级划分较细，既能够考虑人们主观上对各项指标的重视程度，又考虑了各项指标原始数据之间的相互联系及其影响，可以将复杂问题定量化。基于以上原因，本研究采用层次分析法来确定新疆中小学少数民族双语教育绩效评价指标权重。

二 利用层次分析法确定评价指标权重的过程

利用层次分析法解决问题需要经过以下四个步骤：第一，要通过分析复杂系统所包含的因素及其相互关系，将问题分解为不同的要素，并将这些要素归并为不同的层次，从而形成一个多层次的分析结构模型，从上到下依次为目标层、指标层、方案层；第二，对每一层次各元素的相对重要性做出判断，在此基础上构造判断矩阵；第三，进行层次单排序和层次总排序，为了避免片面性，在排序过程中，应对判断矩阵进行一致性检验；第四，计算出各措施层的方案相对于目标层的相对重要性权重，从而优选出方案。

1. 建立递阶层次结构模型

按照第一节建构的新疆中小学少数民族双语教育绩效评价模型，建立新疆中小学少数民族双语教育绩效评价的递阶层次结构模型，如图9-4所示。

2. 确定指标权重构造判断矩阵

在每一层次上，对该层指标进行逐对比较，按照规定的标度方法定量化，写出数值判断矩阵，标度及其描述如表9-1所示。

表9-1　　　　　　　　　标度及其描述

标　度	定义（比较因素 i 与 j）
1	i 与 j 同等重要
3	i 比 j 稍微重要
5	i 比 j 明显重要
7	i 比 j 强烈重要
9	i 比 j 极端重要
2, 4, 6, 8	两相邻判断的中间值
倒数	i 与 j 的反比较 $b_{ji} = 1/b_{ij}$, $b_{ii} = 1$

```
目标层        准则层              子准则层                      度量层
```

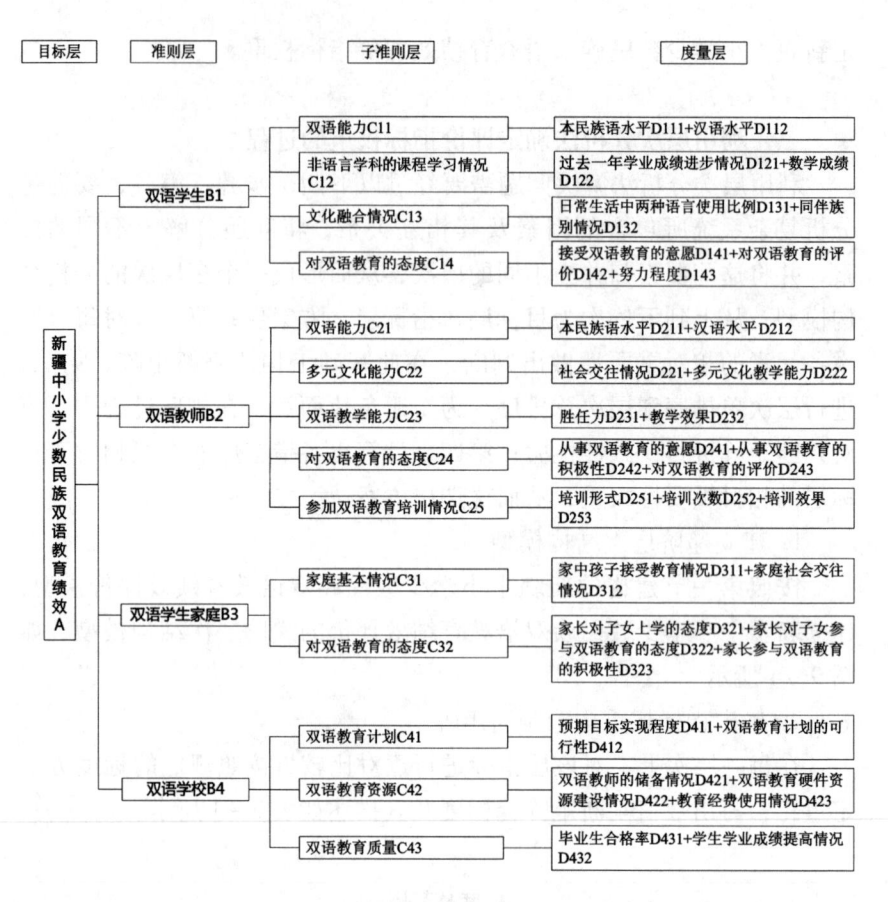

```
                        ┌─ 双语能力C11 ──────────────── 本民族语水平D111+汉语水平D112
                        │
                        ├─ 非语言学科的课程学习情况 ──── 过去一年学业成绩进步情况D121+数学成绩
              双语学生B1 ─┤   C12                         D122
                        │
                        ├─ 文化融合情况C13 ──────────── 日常生活中两种语言使用比例D131+同伴族
                        │                              别情况D132
                        │
                        └─ 对双语教育的态度C14 ────────  接受双语教育的意愿D141+对双语教育的评
                                                       价D142+努力程度D143

                        ┌─ 双语能力C21 ──────────────── 本民族语水平D211+汉语水平D212
                        │
                        ├─ 多元文化能力C22 ──────────── 社会交往情况D221+多元文化教学能力D222
                        │
   新疆中小学           ├─ 双语教学能力C23 ──────────── 胜任力D231+教学效果D232
   少数民族 ─ 双语教师B2 ─┤
   双语教育             ├─ 对双语教育的态度C24 ──────── 从事双语教育的意愿D241+从事双语教育的
   绩效A                │                              积极性D242+对双语教育的评价D243
                        │
                        └─ 参加双语教育培训情况C25 ──── 培训形式D251+培训次数D252+培训效果
                                                       D253

                        ┌─ 家庭基本情况C31 ──────────── 家中孩子接受教育情况D311+家庭社会交往
                        │                              情况D312
              双语学生家庭B3┤
                        │                              家长对子女上学的态度D321+家长对子女参
                        └─ 对双语教育的态度C32 ──────── 与双语教育的态度D322+家长参与双语教育
                                                       的积极性D323

                        ┌─ 双语教育计划C41 ──────────── 预期目标实现程度D411+双语教育计划的可
                        │                              行性D412
                        │
              双语学校B4 ─┤                              双语教师的储备情况D421+双语教育硬件资
                        ├─ 双语教育资源C42 ──────────── 源建设情况D422+教育经费使用情况D423
                        │
                        └─ 双语教育质量C43 ──────────── 毕业生合格率D431+学生学业成绩提高情况
                                                       D432
```

图9-4 新疆中小学少数民族双语教育绩效评价递阶层次结构模型

按照表9-3的标度要求,分别构建一级指标相对于总目标重要性的判断矩阵A,二级指标相对于一级指标重要性的判断矩阵B1、B2、B3、B4,三级指标相对于二级指标重要性的判断矩阵C11、C12、C13、C14、C21、C22、C23、C24、C25、C31、C32、C41、C42、C43,共19个判断矩阵。

3. 层次单排序、一致性检验及实现

判断矩阵的权重可通过求正规化的特征向量而得。最常用的方法有和积法和方根法,本文采用和积法。

首先,将判断矩阵的每一列因素作归一化处理,其因素的一般项为:

$$\overline{b_{ij}} = b_{ij} / \sum_{k=1}^{n} b_{kj} \quad i, j = 1, 2, 3, \cdots, n$$

其次,将每一列经归一化处理后的判断矩阵按行相加,其因素的一般项为:

$$\overline{W_i} = \sum_{j=1}^{n} b_{ij} \quad i = 1, 2, 3, \cdots, n$$

最后,对向量 $\overline{W} = [\overline{W_1}, \overline{W_2}, \cdots, \overline{W_n}]^T$ 归一化处理:

$$W_i = \overline{W_i} / \sum_{j=1}^{n} \overline{W_j} \quad i, j = 1, 2, 3, \cdots, n$$

所得到的 W_1,W_2,…,W_n 即为层次单排序权重。

判断同层因素的权数分配是否合理,要对判断矩阵进行一致性检验。计算随机一致性比率 CR(Consistency Ration),$CR = CI/RI$。其中,$CI = (\lambda_{max} - n)/(n-1)$,$CI$(Consistency Index)为判断矩阵一致性指标,RI(Random Index)为平均随机一致性指标。RI 值如表 9-2 所示。

表 9-2　　　　　　平均随机一致性指标 RI

n	1	2	3	4	5	6	7	8	9
RI	0.00	0.00	0.58	0.9	1.12	1.24	1.32	1.41	1.45

根据矩阵理论有公式 $BW = \lambda_{max} W$,λ_{max} 为判断矩阵最大特征根,即:$\lambda_{max} = \sum_{i=1}^{n} \frac{(BW)_i}{nW_i}$,$(BW)_i$ 表示向量 BW 的第 i 个元素。当 $CR < 0.1$ 时,判断矩阵具有满意的一致性,若 $CR \geq 0.10$ 时,需要调整判断矩阵,直到满意为止。

对 19 个判断矩阵分别计算其最大特征值 $\lambda_{max}^{(0)}$,及其对应的特征向量 V_0,在此基础上计算出其一致性比例 CR 及其对应的权重系数,结果如表 9-3 所示。

表9-3　　评价指标模型层次单排序及一致性检验结果

矩阵	特征向量 V_0	最大特征值 $\lambda_{max}^{(0)}$	一致性比率 CR
A	$(0.4786, 0.2166, 0.1083, 0.1966)^T$	4.0206	0.0077
B1	$(0.3507, 0.3507, 0.1093, 0.1892)^T$	4.0104	0.0039
B2	$(0.2644, 0.1290, 0.1739, 0.3861, 0.0467)^T$	5.2589	0.0578
B3	$(0.2500, 0.7500)^T$	2.0000	0.0000
B4	$(0.3338, 0.1416, 0.5247)^T$	3.0538	0.0517
C11	$(0.5000, 0.5000)^T$	2.0000	0.0000
C12	$(0.6667, 0.3333)^T$	2.0000	0.0000
C13	$(0.3333, 0.6667)^T$	2.0000	0.0000
C14	$(0.2973, 0.1638, 0.5390)^T$	3.0092	0.0089
C21	$(0.5000, 0.5000)^T$	2.0000	0.0000
C22	$(0.2500, 0.7500)^T$	2.0000	0.0000
C23	$(0.2500, 0.7500)^T$	2.0000	0.0000
C24	$(0.2519, 0.5889, 0.1593)^T$	3.0539	0.0518
C25	$(0.2605, 0.1062, 0.6333)^T$	3.0387	0.0372
C31	$(0.6667, 0.3333)^T$	2.0000	0.0000
C32	$(0.5390, 0.2973, 0.1638)^T$	3.0092	0.0089
C41	$(0.2500, 0.7500)^T$	2.0000	0.0000
C42	$(0.5390, 0.1638, 0.2973)^T$	3.0092	0.0089
C43	$(0.6667, 0.3333)^T$	2.0000	0.0000

通过表9-3可以看出，所有判断矩阵的一致性比率 CR 均小于0.1，故通过一致性检验，说明判断矩阵可用。

4. 层次总排序、一致性检验及其实现

层次总排序就是利用同一层次中所有层次单排序的结果以及上层次所有因素的权重，来计算针对总目标而言本层次所有因素权重值的过程。即每个个体指标权重与其上一层主体指标权重相乘即得每个个体指标在整个指标体系中的权重。具体计算结果如表9-4所示。

表9-4　新疆中小学少数民族双语教育绩效评价指标模型

一级指标	权重	二级指标	权重	三级指标	权重
双语学生	0.4786	双语能力	0.1678	本民族语水平	0.0839
				汉语水平	0.0839
		非语言学科的课程学习情况	0.1678	过去一年学业成绩进步情况	0.1119
				数学成绩	0.0559
		文化融合情况	0.0523	日常生活中两种语言使用比例	0.0174
				同伴族别情况	0.0349
		对双语教育的态度	0.0906	接受双语教育的意愿	0.0269
				对双语教育的评价	0.0148
				努力程度	0.0488
双语教师	0.2166	双语能力	0.0573	本民族语水平	0.0286
				汉语水平	0.0286
		多元文化能力	0.0279	社会交往情况	0.0070
				多元文化教学能力	0.0209
		双语教学能力	0.0377	胜任力	0.0094
				教学效果	0.0282
		对双语教育的态度	0.0836	从事双语教育的意愿	0.0211
				从事双语教育的积极性	0.0492
				对双语教育的评价	0.0133
		参加双语教育培训情况	0.0101	培训形式	0.0026
				培训次数	0.0011
				培训效果	0.0064
双语学生家庭	0.1083	家庭基本情况	0.0271	家中子女接受教育情况	0.0180
				家庭社会交往情况	0.0090
		对双语教育的态度	0.0812	家长对子女上学的态度	0.0438
				家长对子女参与双语教育的态度	0.0241
				家长参与双语教育的积极性	0.0133

续表

一级指标	权重	二级指标	权重	三级指标	权重
双语学校	0.1966	双语教育计划	0.0656	预期目标实现程度	0.0164
				双语教育计划的可行性	0.0492
		双语教育资源	0.0278	双语教师的储备情况	0.0150
				双语教育硬件资源建设情况	0.0046
		双语教育质量	0.1031	教育经费使用情况	0.0083
				毕业生合格率	0.0688
				学生学业成绩提高情况	0.0344

层次总排序一致性比率为 $CR = \dfrac{\sum_{j=1}^{m} a_j CI_j}{\sum_{j=1}^{m} a_j RI_j}$，其中，$a_j$ 表示第 j 个一级指标的权重，CI_j 表示第 j 个一级指标的一致性指标值，RI_j 表示第 j 个一级指标的平均随机一致性指标值。当 $CR<0.1$ 时，认为层次总排序结果满意，否则需要重新调整判断矩阵的元素取值。本研究中的层次总排序一致性比率 CR = （0.4786×0.0035＋0.2166×0.0647＋0.1083×0.0000＋0.1966×0.0299）÷（0.4786×0.9＋0.2166×1.12＋0.1083×0.00＋0.1966×0.58）=0.0274，$CR<0.1$，可以认为层次总排序结果满意，表明所建立的新疆中小学少数民族双语教育绩效评价指标体系权重可以接受。

第三节 新疆中小学少数民族双语教育绩效评价指标体系应用说明

表9－4所建立的新疆中小学少数民族双语教育绩效评价指标体系适用于对新疆某一地区或某一学校进行双语教育绩效评价，以评价

第九章 新疆中小学少数民族双语教育绩效评价指标体系的建构

某一地区或学校的双语教育绩效现状。因为各指标测量及评价的复杂性，需要对各指标测量与评价应用情况给予说明。

一 测量标准和方法的说明

测量是评价的基础，要实现对新疆中小学少数民族双语教育绩效的评价必须先进行绩效的测量。根据前期所构建的新疆中小学少数民族双语教育绩效评价指标体系，各指标测量标准及方法如表 9-5 所示。

通过表 9-5 可以看出，新疆中小学少数民族双语教育绩效测量的对象有双语学生、双语教师，其中对双语学生的测量一方面是为了实现对双语学生指标的测量，另一方面是为了实现对双语学生家庭的测量，其中每个指标的测量既可以用定性的方法，也可以用定量的方法。

二 评价标准和方法的说明

要实现对新疆中小学少数民族双语教育绩效的评价，必须首先对其进行测量，测量是评价的基础。结合表 9-4 和表 9-5，如果表 9-5 中每个问题的选项依次赋值分别为 1、2、3、4、5，在整个绩效评价指标体系的分值范围为 1—5 之间，也就是说最高分为 5 分，最低分为 1 分。

根据表 9-5 中各指标测量问题的等级可以看出，在绩效评价等级确定时，[1，2] 分等级为差，[2，3] 分为中等，[3，4] 分为良好，[4，5] 分为优秀。新疆实施中小学少数民族双语教育的实际情况差异很大，因此各地的绩效评价标准并不能完全整齐划一，该等级的划分只能作为参考标准。

表9-5 各指标测量标准与方法说明

对象	指标	测量举例						可采用测量方法
学生	本民族语水平	与民族语学校的学生相比,你的本民族语水平怎样	非常差	比较差	一般	很好	非常好	定性(自评等级)或定量(考试)
	汉语水平	你的汉语水平怎样	非常差	比较差	一般	很好	非常好	定性(自评等级)或定量(考试)
	过去一年学业成绩进步情况	过去一年总分排名提高情况	退步很大	退步一点	没有改变	进步一点	进步很大	定性(等级)或定量(分数)
	数学成绩	你的数学成绩怎样	非常差	比较差	一般	很好	非常好	定性(等级)或定量(分数)
	日常生活中两种语言使用比例	日常生活中汉语使用情况如何	完全没有	几乎没有	很少	很多	非常多	定性(等级)或定量
	同伴族别情况	你的同伴中汉族人数比例如何	没有	很少	一般	很多	非常多	定性(等级)或定量
	接受双语教育的意愿	你愿意接受双语教育情况吗	非常不愿意	不愿意	一般	愿意	非常愿意	定性(等级)或定量
	对双语教育的评价	你认为双语教育发挥的作用	完全没有作用	几乎没有作用	一般	作用很小	作用很大	定性(等级)或定量
	努力程度	你在学习中努力吗	非常不努力	不太努力	一般	努力	非常努力	定性(等级)或定量

第九章 新疆中小学少数民族双语教育绩效评价指标体系的建构

续表

对象		指标	测量举例				可采用测量方法
教师	教师	本民族语水平	与民语学校的教师相比,你的本民族语水平怎样				定性(等级)或定量
			非常差	比较差	一般	很好	非常好
		汉语水平	你的汉语水平能够胜任目前的双语教学吗				定性(等级)或定量
			完全不能胜任	有点不能胜任	一般	基本可以	完全可以
		社会交往情况	你日常生活中与汉族交往情况怎样				定性(等级)或定量
			完全没有交往	基本没有交往	一般	有些交往	交往非常多
		多元文化教学能力	你具备多元文化教学能力吗				定性(等级)或定量
			完全不具备	基本不具备	一般	具备一些	完全具备
		胜任力	你能够胜任目前的双语教学吗				定性(等级)或定量
			完全不能胜任	有点不能胜任	一般	基本可以	完全可以
		教学效果	学生对你的教学效果满意吗				定性(等级)或定量
			非常不满意	有点不满意	一般	基本满意	非常满意
		从事双语教育的意愿	你愿意从事双语教学吗				定性(等级)或定量
			非常不愿意	有点不愿意	一般	大体愿意	非常愿意
		从事双语教育的积极性	你从事双语教育的积极性如何				定性(等级)或定量
			非常不积极	有点不积极	一般	比较积极	非常积极

续表

对象	指标	测量举例					可采用测量方法
教师	对双语教育的评价	你认为双语教育是否发挥了应有的作用					定性（等级）或定量
		完全没有	基本没有	一般	发挥了一定的作用	发挥了很大的作用	
	培训形式	你参加过的双语教育培训系统吗					定性（等级）或定量
		完全不系统	基本不系统	一般	基本系统	非常系统	
	培训次数	你参加过几次双语教育培训					定性（等级）或定量
		0	1	2	3	3次以上	
	培训效果	你对参加过的双语教育培训效果满意吗					定性（等级）或定量
		完全不满意	不满意	一般	基本满意	非常满意	

续表

对象		指标	测量举例					可采用测量方法
学生	家庭	家中子女接受教育情况	你家兄弟姐妹接受双语教育情况					定性(等级)或定量
			几乎都在接受民族语教育	大部分接受民族语教育	一半接受双语教育,一半接受民族语教育	大部分接受双语教育	都在接受双语教育	
		家庭社会交往情况	你家和汉族家庭交往情况怎样					定性(等级)或定量
			完全没有交往	交往很少	一般	交往很多	交往非常多	
		家长对子女上学的态度	你父母支持你们上学吗					定性(等级)或定量
			非常不支持	不太支持	一般	支持	非常支持	
		家长对子女参与双语教育的态度	你父母支持你接受双语教育吗					定性(等级)或定量
			非常不支持	不太支持	一般	支持	非常支持	
		家长参与双语教育的积极性	你父母会积极参与学校的双语教育活动吗					定性(等级)或定量
			非常不积极	不太积极	一般	积极	非常积极	

续表

对象	指标	测量举例						可采用测量方法
学校	预期目标实现程度	你校双语教育预期目标达成程度如何	完全没达到	大部分没达到	有些没达到	基本达到	完全达到	定性(等级)或定量
	双语教育计划的可行性	你校双语教育计划是否可行	完全不可行	基本不可行	一般	基本可行	完全可行	定性(等级)或定量
	双语教师的储备情况	你校双语教师充足吗	完全不够用	基本不够用	一般	基本够用	非常充足	定性(等级)或定量
	双语教育硬件资源建设情况	你校双语教育资源建设情况怎样	非常不好	不好	一般	很好	非常好	定性(等级)或定量
	教育经费使用情况	你校教育经费充足吗	非常不够	不够用	一般	充足	非常充足	定性(等级)或定量
	毕业生合格率	你校毕业生合格率怎么样	非常低	比较低	一般	很高	非常高	定性(等级)或定量
	学生学业成绩提高情况	过去一年你校平均学业成绩提高情况怎样	非常低	比较低	一般	很高	非常高	定性(等级)或定量

第四节　小结

本研究在前述研究的基础上,利用文献研究法初步构建了新疆中小学少数民族双语教育绩效评价指标模型,对该模型经过两轮的专家咨询,最终确定了新疆中小学少数民族双语教育绩效评价模型。然后利用层次分析法确定了新疆中小学少数民族双语教育绩效评价指标权重,最终构建了新疆中小学少数民族双语教育评价指标体系。

新疆中小学少数民族双语教育评价指标体系包括 4 个一级指标,14 个二级指标,33 个三级指标。33 个三级指标中对新疆中小学少数民族双语教育绩效贡献排名前六的 7 项(因为最后两项指标权重相同)指标分别是双语学生学业成绩进步情况、本民族语水平、汉语水平、双语学校毕业生合格率、双语学生数学成绩、学校双语教育计划的可行性及双语教师从事双语教育的积极性,这 7 项指标的权重之和为 0.5028,已经超过了其他 26 项指标权重之和,表明这 7 项指标所反映内容在新疆中小学少数民族双语教育中的重要性。

此外,很多研究通常以双语学生的非语言学科课程学习情况和双语能力作为评价双语教育的指标,本研究表明这 2 项指标的权重之和仅为 0.3356,因此仅以双语学生的非语言学科课程学习情况和双语能力作为评价双语教育的指标离真正的绩效评价差距还是比较大的。

第十章

研究总结与展望

第一节 研究总结

本研究在后实证主义研究范式的指导下,遵循华莱士"科学环"关于理论建构的过程,对新疆中小学少数民族双语教育绩效影响因素进行了全面的研究,取得了一些研究成果,并从中获得了一些研究发现。

一 研究成果与研究发现

（一）研究成果

1. 完成了对双语教育绩效影响因素一般理论的研究

在后实证主义研究范式的指导下,遵循华莱士"科学环"关于理论建构的一般过程,本研究采用理论演绎的方法,推演出了双语教育绩效内涵并建构了双语教育绩效影响因素概念模型,而对新疆中小学少数民族双语教育绩效影响因素的建构完成了对该模型的检验。

2. 设计了新疆中小学少数民族双语教育绩效影响因素调查问卷

通过对新疆中小学少数民族双语教育目标——"民汉兼通"的分析,本研究将新疆中小学少数民族双语教育绩效内涵分解为双语能力、课程学习情况、学业成就获得情况、两种文化融合情况、对学业的态度、对双语教育的态度及价值观获得情况七个方面。结合双语教育绩效概念模型,本研究分别设计了新疆中小学少数民族双语教育绩效双语学生调查问卷与双语教师调查问卷。其中，双语学生调查问卷由能够体现双语教育绩效水平的问题和体现双语教育绩效影响因素（双语教师因素除外）不同属性的问题构成，双语教师调查问卷由能够体现学校教育绩效水平的问题和双语教师影响因素不同属性的问题构成。为了保证问卷信效度，本研究先对问卷进行了试测，而对2107名双语学生及328名双语教师调查也通过了信效度检验，表明设计的问卷达到了要求。

3. 建构了新疆中小学少数民族双语教育绩效影响因素

通过对新疆中小学少数民族双语教育绩效影响因素、影响因素之间关系及作用机理（包括内在作用方式、作用规则及作用原理）的全面深入研究，本研究建构了新疆中小学少数民族双语教育绩效影响因素。

为了明确新疆中小学少数民族双语教育绩效影响因素，本研究通过对新疆中小学少数民族双语教育绩效影响因素各属性分别与绩效不同方面的相关分析，首先明确了新疆中小学少数民族双语教育绩效的影响因素及其属性，并从二者的相关关系中，归纳出了各影响因素不同属性的内在作用方式。然后本研究采用专家咨询法，实现了新疆中小学少数民族双语教育绩效影响因素及其属性的校验与修正，最终确定了影响新疆中小学少数民族双语教育绩效的5类因素及其所包含的37个不同属性。

为了明确新疆中小学少数民族双语教育绩效影响因素之间关系及作用机理，本研究首先通过两轮专家咨询明确了各影响因素及其属性的主次关系；其次，通过对新疆中小学少数民族双语教育绩效影响因素各属性内在作用方式的汇总，明确了各影响因素的内在作用方式；再次，通过建构新疆中小学少数民族双语教育绩效影响因素概念模型，明确了各影响因素的作用规则；最后，通过对新疆中小学少数民族双语教育中各影响因素作用过程的分析，明确了各影响因素的作用原理。

4. 提出了新疆中小学少数民族双语教育绩效改进措施与建议

在对新疆中小学少数民族双语教育绩效调查研究的基础上，本研究首先从新疆中小学少数民族双语教育绩效效益与效率的角度,实现了对新疆中小学少数民族双语教育绩效的测量;然后在对新疆中小学少数民族双语教育绩效进行需求分析的基础上,明确了新疆中小学少数民族双语教育绩效差距及引起绩效差距的主要原因;最后针对新疆中小学少数民族双语教育绩效存在的差距及其原因,提出了新疆中小学少数民族双语教育绩效改进措施及建议。

5. 建构了新疆中小学少数民族双语教育绩效评价指标体系

新疆中小学少数民族双语教育绩效评价的对象包括双语学生、双语教师、双语学生家庭及双语学校。其中,双语学生学业成绩进步情况、双语能力、其所在学校毕业生合格率、双语学生数学成绩、其所在学校双语教育计划的可行性及双语教师从事双语教育的积极性是评价新疆中小学少数民族双语教育绩效的主要指标。

(二) 研究发现

1. 可以利用回溯研究实现对教育绩效的测量

有许多方法可以实现对教育绩效的测量,本研究通过让双语学生回顾其所经历过的双语教育的方式,实现了对新疆中小学少数民族双语教育绩效的测量。因此除了使用传统的追踪法外,还可以转换思维方式,使用回溯法来实现对双语教育绩效的测量。

2. 新疆中小学少数民族双语教育绩效影响因素的构成特点

通过对新疆中小学少数民族双语教育绩效影响因素的分析可以看出,新疆中小学少数民族双语教育绩效影响因素由传统教育影响因素、双语教育所特有的影响因素及新疆所特有的影响因素共同构成,而其主要影响因素及主要属性都在传统教育影响因素范围内。

3. 新疆中小学少数民族双语教育绩效现状

通过对新疆中小学少数民族双语教育绩效的调查研究,本研究发现新疆中小学少数民族双语教育在提升双语能力、促进两种文化的融合及树立积极正确的学业态度、双语教育态度及价值观方面是有效的,并且已经产生了一定的效益,而在促进理科类课程学习情况提升及学生学业成就获得方面所发挥的作用并不明显。总体来看,在目前条件下,新疆中小学少数民族双语教育实施 7 年至 9 年效率最高。

4. 新疆中小学少数民族双语教育绩效差距及原因

通过对新疆中小学少数民族双语教育绩效的需求分析，本研究发现新疆中小学少数民族双语教育绩效现状与预期绩效之间的差距还是非常大，其中两种文化融合情况、课程学习情况、学业成就及汉语水平方面的差距相对较大，而在情感态度价值观方面绩效差距相对较小。导致绩效差距的主要原因依次是缺乏合格的双语教师、双语学生的适应性差及缺少来自家庭、同伴及环境方面的支持。

二 创新之处

1. 理论创新

本研究在对国内外双语教育及绩效技术相关文献进行深入研究的基础上，明确了教育绩效内涵，结合双语教育目标，理论推演出了双语教育绩效内涵，通过对新疆中小学少数民族双语教育目标的分析，理论推演出了新疆中小学少数民族双语教育绩效内涵，并建构了双语教育绩效影响因素模型以及新疆中小学少数民族双语教育绩效影响因素。这在一定程度上丰富了双语教育及绩效技术理论，体现了理论创新。

2. 应用创新

本研究在后实证主义的研究范式指导下，遵循华莱士"科学环"理论建构过程，先进行了双语教育绩效影响因素一般理论的研究。在双语教育绩效影响因素一般理论的指导下，对新疆中小学少数民族双语教育绩效进行了调查研究，建构了新疆中小学少数民族双语教育绩效影响因素，在鉴别新疆中小学少数民族双语教育绩效现状以及原因分析的基础上，提出了新疆中小学少数民族双语教育绩效改进措施，拓展了绩效技术的应用领域，体现了应用创新。

3. 理念创新

本研究让双语学生回顾其曾经历过的双语教育的方法，来实现对新疆中小学少数民族双语教育绩效的测量。为完成对新疆中小学少数民族双语教育绩效的测量，研究采用了定量研究与定性研究相结合的办法，定量研究利用 Spss 20.0 完成了对新疆中小学少数民族双语教育绩效双语能力、课程学习情况、学业成就获得情况、两种文化融合情况、对学业及双语态度的测量，定性研究利用 Nvivo 8.0 完成了对双语学生愿望与理想个人层面价值观和对国家情感宏观层面价值观的测量。研究中巧妙地将规范研究与实证研究相结合，体现了研究理念的创新。

第二节　研究展望

一　研究的局限

由于笔者知识结构、个人能力及研究经验等方面的局限，致使本研究中还存在着一定的问题，有待进一步的研究与深化，主要体现在以下几个方面。

1. 双语教育绩效影响因素一般理论研究深度有待加深

新疆中小学少数民族双语教育绩效影响因素的研究涉及双语教育理论、多元文化教育理论、绩效技术理论和教育绩效系统理论等多个理论研究领域。伯恩斯认为，知识分工导致了知识碎片的产生，也就是说知识的专门化导致了知识的碎片化。[①] 交叉学科的知识是碎片性的，隐藏在各分支学科中，研究新疆中小学少数民族双语教育绩效影响因素需要极强的多学科理论知识整合能力。由于笔者知识结构与储备量的限制，在研究过程中不止一次感到研究无法再深入下去，然后在大量的文献阅读中，偶然触碰到一个知识点，再扩充知识，不断填充自身知识结构，最终完成了对双语教育绩效内涵及其概念模型的一般理论研究。如果笔者的知识结构更全面些的话，对双语教育绩效概念模型的研究也会更深入，其结果也将更具科学性。

2. 新疆中小学少数民族双语教育绩效调查局限性有待突破

由于时间、人力及财力限制，本研究按照前期的研究设计先后

---

① 郭强：《社会根理论知识行动论研究》（第一卷），广西师范大学出版社2013年版，第435页。

做了两次大规模的调查，但随着研究的深入，笔者发现在建构新疆中小学少数民族双语教育绩效影响因素模型的时候还是缺少部分层面数据的支持。笔者对此又进行了补充调查研究，虽然不影响研究的完备性，但不可避免的是研究样本已经改变了，给研究带来了些许遗憾。

3. 新疆中小学少数民族双语教育绩效影响因素及改进措施的有效性有待验证

研究遵循华莱士"科学环"所提出的理论建构过程，在后实证主义研究范式指导下，先进行双语教育绩效影响因素一般理论的研究，再进行新疆中小学少数民族双语教育绩效影响因素的调查研究与专家访谈，建构了新疆中小学少数民族双语教育绩效影响因素。虽然所建构的新疆中小学少数民族双语教育绩效影响因素经过了3轮专家咨询的检验，但毕竟专家的知识经验还是有限的，所建构的新疆中小学少数民族双语教育绩效影响因素及在此基础上提出的绩效改进措施还没有机会到实践中去检验其有效性，鉴于研究的限制，此问题只能在后续研究中予以解决。

二　进一步研究规划

对双语教育绩效影响因素的研究尚处起步阶段，为了使研究更具科学性与合理性，本研究计划未来对以下几个问题进行深入研究。

1. 进行双语教育绩效影响因素概念模型的深入研究

本研究从教育生产函数及对教育绩效理解的角度建构了双语教育绩效影响因素概念模型，此概念模型是考虑"覆盖率"的一个大而全的模型，其中列出的影响因素及其属性可能是双语教育绩效的影响因素。要明确这些通过理论推演得出的影响因素及其属性是否是双语教育绩效的影响因素就要进行实践研究，本研究只进行了新疆中小学少数民族双语教育绩效影响因素的实践研究，还不能实现对双语教育绩效影响因素概念模型的充分检验与修正。只有多次大样本的实践研究才能完成对该模型的充分检验与修正，唯有如此才能最终建立双语教育绩效影响因素概念模型，这是本研究以后努力的一个方向。

2. 进行新疆中小学少数民族双语教育绩效影响因素的有效性检验

由于研究时间及精力的限制，本研究只是通过了3轮的专家访谈实现对新疆中小学少数民族双语教育绩效影响因素的检验，该系统还没有真正有机会应用到新疆中小学少数民族双语教育实践中去，其有效性还没有得到实践的检验。本研究今后努力的另一个方向就是挑选几个试点学校，将该系统真正应用到新疆中小学少数民族双语教育实践中，在实践中不断完善该系统。

3. 进行新疆中小学少数民族双语教育绩效改进的系统研究

本研究将大量的研究时间与精力投入到了新疆中小学少数民族双语教育绩效影响因素建构方面，相对而言对新疆中小学少数民族双语教育绩效改进措施的研究还不系统。本研究只进行了新疆中小学少数民族双语教育的绩效分析，并没有进行干预措施方案的设计、开发、实施及评价环节的研究，因此本研究并没有完成对新疆中小学少数民族双语教育绩效改进的系统研究，这是本研究今后要努力的内容之一。

参 考 文 献

一　中文著作

［美］班克斯：《文化多样性与教育：基本原理、课程与教学》，荀渊等译，华东师范大学出版社 2011 年版。

［美］布莱尔：《双语调查精义》，卢岱译，民族出版社 2009 年版。

陈晓莹：《融合·发展——加拿大多元文化教育解读》，民族出版社 2008 年版。

崔允漷、王少非、夏雪梅：《基于标准的学生学业成就评价》，华东师范大学出版社 2008 年版。

［美］大卫·费特曼：《民族志：步步深入》，龚建华译，重庆大学出版社 2007 年版。

戴庆厦、滕星等：《中国少数民族双语教育概论》，辽宁民族出版社 1997 年版。

董霄云：《文化视野下的双语教育：实践、争鸣与探索》，上海教育出版社 2008 年版。

范国睿：《教育生态学》，人民教育出版社 2000 年版。

方晓华：《少数民族双语教育的理论与实践》，学苑出版社 2010 年版。

费孝通：《中华民族多元一体格局》，中央民族大学出版社 1999 年版。

冯增俊、陈时见：《当代比较教育学》，人民教育出版社 2008 年版。

［美］盖苏珊、［英］塞林克：《第二语言习得》，赵杨译，北京大学出版社2011年版。

盖兴之：《双语教育原理》，云南教育出版社1997年版。

顾明远主编：《教育大辞典·民族教育卷》，上海教育出版社1992年版。

哈经雄、滕星：《民族教育学通论》，教育科学出版社2001年版。

黄崇岭：《双语教学的理论与实践》，上海译文出版社2009年版。

黄森泉：《原住民教育之理论与实际》，台湾"国立"编译馆2000年版。

姜峰、万明钢：《发达国家促进民族教育均衡发展政策研究》，民族出版社2011年版。

蒋笃运、张豪锋：《教育信息化若干重大问题研究》，科学出版社2008年版。

蒋祖康：《第二语言习得研究》，外语教学与研究出版社1999年版。

［美］杰里·W.吉雷、［美］安梅·楚尼奇：《组织学习、绩效与变革——战略人力资源开发导论》，康青译，中国人民大学出版社2002年版。

阚阅：《当代英国高等教育绩效评估研究》，高等教育出版社2010年版。

［英］科林·贝克：《双语与双语教育概论》，翁燕珩译，中央民族大学出版社2008年版。

［美］克罗大特：《解释语言的演变：进化的理论》，陈前瑞译，世界图书出版社2011年版。

李聪明：《教育生态学导论：教学问题的生态学思考》，台湾学生书局1989年版。

李龙：《教育技术文选》，中央广播电视大学出版社2009年版。

刘贵华：《大学学术发展研究：基于生态的分析》，华中师范大学出版社2005年版。

刘美凤、方圆媛编：《绩效改进》，北京大学出版社2011年版。

刘美凤：《教育技术学科定位问题研究》，教育科学出版社2006年版。

刘顺厚：《绩效与评价：研究生德育探究》，甘肃人民出版社 2006 年版。

刘玉屏、孙晓明：《语言学与第二语言习得理论》，中央民族大学出版社 2010 年版。

马戎：《少数民族社会发展与就业——以西部现代化进程为背景》，社会科学文献出版社 2009 年版。

马周周：《庄子教育学》，甘肃文化出版社 2008 年版。

［加］W. F. 麦凯、［西］M. 西格恩：《双语教育概论》，严正、柳秀峰译，光明日报出版社 1989 年版。

木哈白提·哈斯木：《新疆少数民族中学汉语授课实验研究》，新疆大学出版社 2002 年版。

［美］欧文·拉兹格：《多种文化的星球》，辛末等译，社会科学文献出版社 2001 年版。

邱白莉：《当代美国中小学教育绩效探析》，中山大学出版社 2003 年版。

邱渊：《教育经济学导论》，北京人民教育出版社 2008 年版。

荣仕星、徐杰舜、吴政富：《希望：中国民族教育政策研究报告》，黑龙江人民出版社 2011 年版。

上海市教育评估院组织编写：《高等教育绩效评估研究》，高等教育出版社 2012 年版。

孙振钧、周东兴：《生态学研究方法》，科学出版社 2010 年版。

唐凯麟、高桥强，《多元文化与世界和谐：池田大作思想研究》，人民出版社 2008 年版。

滕星：《多元文化教育——全球多元文化社会的政策与实践，民族出版社 2010 年版。

滕星：《文化变迁与双语教育》，教育科学出版社 2001 年版。

王斌华：《双语教育与双语教学》，上海教育出版社 2003 年版。

王初民：《应用心理语言学：外语学习心理研究》，湖南教育出版社 1990 年版。

王鉴：《多元文化教育比较研究》，民族出版社 2006 年版。

王丽颖：《双语教育理论与实践：中外双语教育比较研究》，上海教育出版社 2008 年版。

王肃元、姚万禄等：《当代中国农村教育发展研究》，兰州大学出版社 2006 年版。

［加］威尔·金利卡：《多元文化的公民身份：一种自由主义的少数群体权利理论》，马莉、张昌耀译，中央民族大学出版社 2009 年版。

［美］威斯勒：《人与文化》，商务印书馆 2004 年版。

吴鼎福：《教育生态学》，江苏教育出版社 1993 年版。

吴清山、黄美芳、徐纬平：《教育绩效责任研究》，台湾师大书苑出版社 1996 年版。

向德全：《教育评价的技术与方法》，西北大学出版社 2006 年版。

肖建芳：《当代国际双语教学模式概论》，广东人民出版社 2011 年版。

［日］小林哲也、［日］江渊一公编：《多元化教育的比较研究》，九州大学出版社 1985 年版。

徐海平：《学生成绩提高的原理与策略义务教育生产函数分析》，北京师范大学出版社 2011 年版。

严明：《高校双语教学理论与实践研究——外语教育视角》，黑龙江大学出版社 2009 年版。

杨乐强：《走向信仰间的和谐——多元论哲学之信仰和谐论比较研究》，中国社会科学出版社 2009 年版。

易虹、朱文浩编：《从培训管理到绩效改进》，机械工业出版社 2013 年版。

俞理明、E. Yeoman、韩建侠：《双语教育论——加拿大进入式教育对我国高校双语教育的启示》，外语教学与研究出版社 2009 年版。

［英］詹姆斯·林奇：《多元文化课程》，黄政杰译，台湾师大书苑出版社 1996 年版。

张建成：《多元文化教育：我们的课题与别人的经验》，台湾师大书苑出版社 1987 年版。

张男星：《高等学校绩效评价论》，教育科学出版社 2012 年版。

张树德:《当代澳大利亚有效课堂教学行为变革研究》,苏州大学出版社2012年版。

张天路、黄荣清:《中国少数民族人口调查研究》,高等教育出版社1996年版。

张燚:《新疆双语师资培训研究》,新疆人民出版社2006年版。

张玉田:《学校教育评价》,中央民族学院出版社1987年版。

赵骥民、刘春明、吕云峰:《双语师资培养导论》,东北师范大学出版社2008年版。

二 英文著作

D. August, K. Hakuta, *Educating Language-minority Children*, Washington DC: National Academy Press, 1998.

C. Baker, *A Parents' and Teachers' Guide to Bilingualism (2nd edn).*, Clevedon: Multilingual Matters, 2009.

C. Baker, *Aspects of Bilingualism in Wales*, Clevedon: Multilingual Matters, 1985.

C. Baker, *The Care and Education of Young Bilinguals: An Introduction for Professional*, Clevedon: Multilingual Matters, 2000.

C. Baker, *Attitudes and Language*, Clevedon: Multilingual Matters, 1992.

J. A. Banks, *Multiethnic Education: Theory and Practice*, Boston: Allyn & Bacon, 1988.

W. Bright, *The International Encyclopedia of Linguistics*, Oxford: Oxford University Press, 1992.

J. Brown, *Hybrid Learning in Teacher Education: A Qualitative Study about Student Experiences with Language, Culture and Power in a Multiculturalism Classroom Using Online and Face-to-face Instructional Formats*, Indiana: Purdue Universit, 2008.

J. Brutt-Griffler, *World English: A Study of Its Development*, Clevedon: Multilingual Matters, 2002.

J. A. Castellano, E. I. Dfaz, *Reaching New Horizons: Gifted and Talented*

Education for Culturally and Linguistically Diverse Students, Boston: Allyn & Bacon, 2002.

N. Cloud, F. Genesee and E. V. Hamayan, *Dual Language Instruction: A Handbook for Enriched Education*, Boston: Heinle & Heinle, 2000.

Colin Baker, *Foundations of Bilingual Education and Bilingualism*, Clevedon: Multilingual Matters, 2006.

Colin Baker, *Key Issues in Bilingualism and Bilingual Education*, Clevedon: Multilingual Matters, 1988.

T. Corner, *Education in Multicultural Societies*, London: Croom Helm, 1984.

Craig J. Kinsella, *Teacher Attitudes and Practices Related to Multiethnic Education in Nebraska Community Colleges*, South Dakota: University of South Dakota, 1994.

L. A. Cremin, *Public Education*, New York: Basic Books, 1976.

J. Cummins, *Language, Power and Pedagogy: Bilingual Children in the Crossfire*, Clevedon: Multilingual Matters, 2000.

A. Davies, *The Native Speaker: Myth and Reality*, Clevedon: Multilingual Matters, 2003.

D. Dorotich and W. Stephan, *Multicultural Education and Society in Canada and Yugoslavia*, London: Croom Helm, 1984.

G. B. Esquivel, E. C. Lopez and S. G. Nahari, *Multicultural Handbook of School Psychology: An Interdisciplinary Perspective*, Abingdon: Lawrence Erlbaum Associates, 2007.

I. A. O. Garc, *Bilingual Education in the 21st Century: A Global Perspective*, New Jersey: Wiley-Blackwell, 2011.

E. A. Grassi and H. B. Barker, *Culturally and Linguistically Diverse Exceptional Students: Strategies for Teaching and Assessment*, New York: Sage Publications, 2010.

Horold D. Stolovich, Erica J. Keeps, *Handbook of Human Performance Technology* (2rd ed.), San Francisco: Jossey-Bass Pfeiffer, 1999.

参考文献

James A. Banks, *Multicultural Education Issues and Perspectives*, Hoboken: John Wiley, 2010.

Kim Potowski, *Language and Identity in a Dual Immersion School*, Clevedon: Multilingual Matters, 2007.

R. Kubota, *Race, Culture, and Identities in Second Language Education: Exploring Critically Engaged Practice*, London: Taylor & Francis, 2009.

E. G. Lewis, *Bilingualism and Bilingual Education*, Oxford: Pergamon, 1981.

K. Menken, *English Learners Left Behind: Standardized Testing as Language Policy*, Clevedon: Multilingual matters, 2008.

A. M. Padilla and Others, *Bilingual Education: Issues and Strategies*, Newbury: Sage Publications/Corwin Press, 1990,

B. C. Parekh, *Rethinking Multiculturalism: Cultural Diversity and Political Theory*, Massachusetts: Harvard University Press, 2002.

J. E. Petrovic, *International Perspectives on Bilingual Education: Policy, Practice, and Controversy*, North Carolina: Information Age Pub, 2009.

K. Potowski, Language and Identity in a Dual Immersion School, Clevedon: Multilingual Matters, 2007.

R. Samuda, *The Canadian Brand of Multiculturalism: Social and Educational Implications*, London: Macmillan, 1986.

R. J. Samuda and Others, *Assessment and Placement of Minority Students*, Toronto: CJ Hogrete Publishers, 1989.

L. A. Suzuki and J. G. Ponterotto, *Handbook of Multicultural Assessment: Clinical, Psychological, and Educational Applications*, San Francisco: Jossey – Bass, 2001.

M. Swain, *Bilingual Without Tears: Pacific Perspectives on Language Learning and Teaching*, Washington, DC. , 1983.

M. Swain and S. Lapkin, *Evaluating Bilingual Education: A Canadian Case Study*, Clevedon: Multilingual Matters, 1982.

G. Wan, *The Education of Diverse Student Populations: A Global Perspec-

tive, Berlin: Springer Verlag, 2008.

C. W. Watson, *Multiculturalism*, New York: The McGraw – Hill Companies Inc., 2000.

三 中文学位论文

艾力依明:《多元文化整合教育视野中的"维汉"双语教育研究》,博士学位论文,中央民族大学,2007年。

白静:《现代远程教育绩效评价研究——以"北京电大毕业生追踪调查测评项目"为例》,硕士学位论文,北京师范大学,2007年。

崔东红:《新加坡的社会语言研究》,博士学位论文,复旦大学,2008年。

董霄云:《探析文化视界下的我国双语教育》,博士学位论文,华东师范大学,2006年。

洪志忠:《教师绩效评价研究——从宏观视角到微观行动》,博士学位论文,华东师范大学,2011年。

黄崇岭:《双语教学的理论与中国双语教学研究》,博士学位论文,上海外国语大学,2009年。

廖冬梅:《新疆民汉双语现象与新疆社会发展之关系》,博士学位论文,新疆大学,2006年。

林若铭:《多元文化视野下美国双语教育探析》,硕士学位论文,东北师范大学,2006年。

刘顺厚:《研究生德育绩效及评价》,博士学位论文,复旦大学,2004年。

卢蓬军:《加拿大魁北克沉浸式双语教育研究》,硕士学位论文,西南大学,2007年。

马千:《基于生态位理论的高校德育绩效评价研究》,博士学位论文,南京理工大学,2011年。

祁伟:《和田地区中小学维汉双语教育研究》,硕士学位论文,新疆师范大学,2006年。

苏德:《多维视野下的双语教学发展观》,博士学位论文,中央民族大学，2005年。

孙东方：《文化变迁与双语教育演变》，博士学位论文，中央民族大学，2005年。

吐尔地布·赛拉依丁：《维吾尔中小学双语教育研究——以伊犁哈萨克自治州为个案》，硕士学位论文，东北师范大学，2006年。

王善安：《学前儿童维汉双语教学研究》，博士学位论文，西南大学，2013年。

王侠：《西方多元文化教育理论的阐释》，硕士学位论文，中央民族大学，2005年。

王有春：《中美双语教育发展比较研究》，硕士学位论文，西北师范大学，2008年。

吴丽娟：《农村中小学现代远程教育工程设施应用绩效研究》，硕士学位论文，华中师范大学，2006年。

肖凤：《基于模糊综合评价法的高校网络德育绩效评价研究》，硕士学位论文，中南大学，2012年。

辛宏伟：《3—6岁维吾尔族儿童汉语语言发展研究》，博士学位论文，华东师范大学，2011年。

熊建辉：《多元社会中的双语教育：政策与实践》，硕士学位论文，华东师范大学，2005年。

杨斌：《农村教育投入：绩效、机制与模式》，博士学位论文，西南大学，2011年。

于苏娜：《多元文化视野下加拿大双语教育探析》，硕士学位论文，西北师范大学，2010年。

张卫国：《双语学与新疆双语问题》，博士学位论文，中央民族大学，2005年。

赵建梅：《培养双语双文化人：新疆少数民族双语教育的人类学研究》，博士学位论文，华东师范大学，2011年。

周永娟：《论高校德育绩效评价》，硕士学位论文，上海交通大学，2005年。

朱益祥：《基于绩效评估的农村远程教育问题研究：以常德市为例》，

硕士学位论文,湘潭大学,2008年。

祖力亚提:《学校教育与族群认同——以中国新疆少数民族教育为对象的研究》,博士学位论文,北京大学,2008年。

四 英文论文

D. R. Blachford, *Language Planning and Bilingual Education for Linguistic Minorities in China, A Case Study of the Policy Formulation and Implementation Process*, Ph. D. Dissertation, University of Toronto, 1999.

C. C. Chun, *Language-in-Education Planning and Bilingual Education at the Elementary School in Taiwan. Ph. D. Dissertation*, The University of Arizona, 2006.

S. M. Gilbert, *The Impact of Two-Way Dual Language Programs of Fourthgrade Students: Academic Skills in Reading and Math, Language Development, and Self-concept Development*, A Dissertation for the Degree of Doctor of Education, New Mexico State University, 2011.

Jinan Lee, *How Under Graduate Students of Color Experience Multicultural Education*, A Dissertation for the Degree of Doctor of Philosophy, The University of Utah, 2011.

W. Li, *Ethnic Broadcasting and Ethnic Relations: A Comparative Study Between Canada and China*, A Dissertation for the Degree of Doctor of Education, University of Ottawa, 2011.

Marsha Dale Campbell, *Teachers Reflection: A Comparison of Novice and Experienced Teachers*, A Dissertation for the Degree of Doctor of Philosophy, University of Albama, 2000.

Patricia Gail Ross, *The Planning Process of Six Experienced High School English Teachers*, A Dissertation for the Degree of Doctor of Philosophy, University of Texas at Austin, 1996.

Patricia Ofili, *Do Multicultural Experiences and Biculturalism Promote creativity in International Students*, A Dissertation for the Degree of the Master of Arts, The University of Mississipp: 2011.

Shirley Ann Riddle Bendau, *From Kneeling to Standing in the Teaching Profession Four Case Studies of Experienced Teachers' Professional Development*, A Dissertation for the Degree of Doctor of Education, Ohio State University, 2001.

Trudy Lynn Driskell, *The Lesson and Development of HELPER, A Constructivist Lesson Plan Web Resource to Model Technology Integration for Teachers*, A Dissertation for the Degree of Doctor of Education, University of Houston, 1999.

五 中文期刊、报纸、网站

陈世明:《新疆民汉双语教育的由来和发展》,《西北民族研究》2008年第3期。

谌启标、柳国辉:《美国高等教育绩效评价政策研究》,《宁波大学学报》(教育科学版) 2004年第6期。

韩骅:《90年代美国多元文化教育的理论与实践述评》,《比较教育研究》2000年第6期。

黄红霞、王建梁:《多元文化教育:加拿大的经验及启示》,《民族教育研究》2004年第5期。

焦建利:《教育技术学研究:问题与正务》,《电化教育研究》2008年第9期。

鞠文雁、卢新民:《"民汉兼通"和新疆双语教育》,《新疆社会科学》2011年第5期。

孔国忠:《学生学业成就归因倾向及其效应的研究》,《阴山学刊》2002年第1期。

兰彩苹:《南疆五地州汉语教学和民族教师双语情况调研》,《中南民族大学学报》(人文社会科学版) 2007年第6期。

李芒:《教育技术的学科自觉:学格论》,《电化教育研究》2012年第11期。

李儒忠、曹春梅:《新疆少数民族"双语"教育千年大事年表(之二)》,《新疆教育学院学报》2009年第9期。

李儒忠：《新疆双语教育模式》，《新疆双语教育学院学报》2011 年第 1 期。

刘晓光：《双语教学评价的理性之思考》，《黑龙江高教研究》2009 年第 10 期。

陆效用：《语言习得"关键期假说"和"一条龙"英语教学》，《外语界》2004 年第 1 期。

马戎：《从社会学的视角思考双语教育》，《云南民族大学学报》（哲学社会科学版）2007 年第 11 期。

马戎：《新疆民族教育的发展与双语教育的实践》，《北京大学教育评论》2008 年第 2 期。

马戎：《关于中国少数民族教育的几点思考》，《新疆师范大学学报》（哲学社会科学版）2010 年第 3 期。

马戎：《西藏社会发展与双语教育》，《中国藏学》2011 年第 2 期。

［美］玛丽·A. 赫伯恩：《民主社会中的多元文化和社会凝聚力问题：美国的经验是一种模式还是一个范例？》，《教育展望》1993 年第 1 期。

潘章仙：《对我国双语教育的几点思考》，《教育研究》2003 年第 12 期。

萨顿：《科学与传统》，《科学与哲学》1984 年第 4 期。

史健勇、汪泓：《上海教育绩效评价制度研究》，《科学发展》2013 年第 11 期。

苏秦：《双语教学实施效果的调查与分析》，《中国人学教学》2002 年第 10 期。

滕星：《中国少数民族双语教育研究的对象、特点、内容与方法》，《民族教育研究》1996 年第 2 期。

滕星：《西方少数民族学生学业成就归因理论综述》，《湖北民族学院学报》（哲学社会科学版）2004 年第 2 期。

滕星、杨红：《西方低学业成就归因理论的本土化阐释——山区拉祜族教育人类学田野工作》，《广西民族学院学报》（哲学社会科学版）2004 年第 3 期。

万明钢、童长江：《论跨文化心理学研究与民族教育理论》，《教育研究》1988 年第 2 期。

万明钢、刑强、李艳红：《藏族儿童的双语背景与双语学习研究》，《民族教育研究》1999 年第 3 期。

王斌华：《学习双语教育理论透视我国双语教学》，《全球教育展望》2003 年第 2 期。

杨开城：《论教育的技术学本质与教育技术学的历史使命》，《中国电化教育》2005 年第 5 期。

殷雅竹、李艺：《教育绩效评价》，《电化教育研究》2002 年第 9 期。

张燚：《2005—2009 新疆少数民族学前双语教育基本情况分析讨论》，《新疆教育学院学报》2010 年第 1 期。

赵建梅：《新疆少数民族双语教育模式探讨》，《新疆师范大学学报》2012 年第 9 期。

中央教育科学研究所高等教育研究中心：《高等学校绩效评估报告》，《大学（学术版）》2009 年第 11 期。

周欣：《新疆少数民族学前双语教育的调查与反思——南北疆学前教育的个案比较研究》，《新疆教育学院学报》2010 年第 9 期。

六 英文期刊、报纸、网站

D. Abdourahamane, "Debate on the Multiculturalism: Issues and Particularism", *Asian Social Science*, January 2011, p. 32.

B. Adamson, B. Xia, "A Case Study of the College English Test and Ethnic Minority University Students in China: Negotiating the Final hurdle", *Multilingual Education*, Junuary 2011, pp. 1–11.

M. Bruck, "The Suitability of Early French Immersion Programs for the Language Disabled Child", *Canadian Modern Language Review*, July 1987, pp. 884–887.

H. Hamming, "Looking at the Quality of Ethnic Minority Education in Xinjiang Province from the Perspective of the University Entrance Examination", *Chinese Education & Society*, Junuary 2000, pp. 87–91.

P. D. MacIntyre, C. Charos, "Attitudes, and Affect as Predictors of Second Language Communications", *Journal of Language and Social Psychology*, March 1996, pp. 3 – 26.

C. Mandy, "Moving Towards Inclusive French as a Second Official Language Education in Canada", *International Journal of Inclusive Education*, January 2011, pp. 1 – 13.

S. H. Mari nova – Todd, D. B. Marshall and C. E. Snow, "Three misconceptions about Age and L2 Learning", *TESOL Quarterly*, September 2000, pp. 9 – 34.

E. T. Schusses, "Bilingual Education and Discontent in Xinjiang", *Central Asian Survey*, February 2007, pp. 251 – 277.

M. Swain, S. Lampkin, "Interaction and Second Language Learning: Two Adolescent French Immersion Students Working Together", *Modern Language Journal*, June 1998, pp. 320 – 337.

G. R. Tucker, "The Acquisition of Knowledge by Children Educated Bilingual", *Georgetown Monograph Series on Languages and Linguistics*, March 1975, pp. 267 – 277.

O. Villalpando, "The Impact of Diversity and Multiculturalism on all Students: Findings from A National Study", *NASPA Journal*, July 2002, pp. 124 – 144.

Villalpando, "Self-segregation or self-preservation? A Critical race Theory and Latina Critical Theory Analysis of a Study of Chicana College Students", *Qualitative Studies in Education*, July 2003, pp. 619 – 646.

Y. O. Webster, "A Human – centric Alternative to Diversity and Multicultural Education", *Journal of Social Work Education*, Junuary 2002, pp. 17 – 36.

A. N. Wright, J. Tolan, "Prejudice Reduction Through Shared Adventure: A Qualitative Outcome Assessment of a Multicultural Education Class", *Journal of Experiential Education*, October 2009, pp. 137 – 154.

M. Zhou, "The Politics of Bilingual Education in the People's Republic of

China since 1949", *Bilingual Research Journal*, February 2001, pp. 147 – 171.

S. Zirkel, "The Influence of Multicultural Educational Practices on student Outcomes and Intergroup Relations", *Teachers College Record*, June 2008, pp. 1147 – 1181.

附　　录

附录1　新疆中小学少数民族双语教育绩效影响因素双语学生调查问卷（第一次）

亲爱的同学：

　　你好！

　　新疆的双语教育已经过了多年的发展，为全面了解学生对双语教育绩效的看法，本课题组设计了此问卷，问卷不会泄露你的任何个人信息，所得信息将会全部用于课题研究，研究成果将会对政府制定双语教育政策有一定的借鉴意义，请你放心填写。感谢你的参与！

　　填写说明：请你按顺序答题，带□的题目，在你认为正确的选项上画"√"；带下划线的题目，请在下划线上填写你认为正确的信息；选择题请直接在相应的选项上画"√"，没有特殊说明的都是单选题。

1. 你的性别：□女□男
2. 你的年龄：_____
3. 你的民族：_____
4. 你户口的性质：□城市□农村
5. 你目前所就读学校：_____
6. 你目前所属年级：□小学_____年级

☐ 初中_____年级

☐ 高中_____年级

☐ 大学_____年级_____专业

7. 你所生活地区的人口特点：

A. 基本上都是少数民族

B. 大部分是少数民族，汉族人口相对较少

C. 大部分是汉族，少数民族人口相对较少

D. 基本上都是汉族

8. 包括今年，你已经接受了多少年的双语教育，请填写_____

9. 你从何时开始接受双语教育的？

☐ 学前班时

☐ 小学_____年级

☐ 初中_____年级

☐ 高中_____年级

☐ 大学_____年级

10. 你在家使用最多的是何种语言？

1. 汉语

2. 维吾尔语

3. 哈萨克语

4. 柯尔克孜语

5. 其他语言，请具体写出_____

11. 你在课间主要使用何种语言与同学交流？

1. 汉语

2. 维吾尔语

3. 哈萨克语

4. 柯尔克孜语

5. 其他语言，请具体写出_____

12. 你在课堂上使用最多的是何种语言？

1. 汉语

2. 维吾尔语

3. 哈萨克语

4. 柯尔克孜语

5. 其他语言，请具体写出_____

13. 你的本民族语水平怎样？

A. 与民族学校同龄的学生水平几乎相同

B. 比民族学校同龄的学生差

C. 比民族学校同龄的学生好

D. 没有比过，目前自己只会听说，不会读写

14. 你目前的汉语水平为？

□已经通过到HSK（或MHK）__ _____级考试

A. 上用汉语讲授的课已经没问题了

B. 上用汉语讲授的课还有听不懂的地方，但用汉语的日常交流没问题

C. 上用汉语讲授的课完全听不懂，用汉语的日常交流还不行

□没有过级

A. 上用汉语讲授的课已经没问题了

B. 上用汉语讲授的课还有听不懂的地方，但用汉语的日常交流没问题

C. 上用汉语讲授的课完全听不懂，用汉语的日常交流还不行

15. 你是如何达到目前的汉语能力的？（可多选）

A. 通过学校的双语教育

B. 社区教育

C. 通过电视、广播、网络等媒介

D. 家庭教育

E. 自学

16. 日常生活中你有机会使用汉语吗？

A. 没有

B. 有，但很少

C. 有，机会很多

17. 你的家庭经济情况如何？

A. 较好

B. 一般

C. 不太好

D. 非常不好

18. 你父母中学历最高者的受教育情况？

A. 大学

B. 中学

C. 小学

D. 没上过学

19. 你父母是否支持你上学？

A. 非常支持，尽可能为我创造学习条件

B. 支持，但家庭能力有限

C. 父母没意见，还是看我自己，想上就上，不想上就不上

D. 不支持

20. 你父母是否愿意你上双语班？

A. 愿意

B. 无所谓

C. 不愿意

21. 你学得最好的课程是：（请填写课程名）_____

22. 你能将本课程学得最好的原因是？（可多选）

A. 非常喜欢这门课程

B. 老师教得好

C. 没有语言障碍，老师讲的话都能听懂

D. 自己在这门课程上花了很多功夫

23. 你学得最好的课程是用何种语言教学的？

A. 本民族语

B. 汉语

C. 两种语言都用

24. 你最喜欢的课程是：（请填写课程名）_____

25. 你喜欢这门课程的原因是？（可多选）

A. 自己学得好，有成就感

B. 老师教得好

C. 没有语言障碍，老师讲的都能听懂

D. 课程内容有意思

26. 你最喜欢的课程用何种语言教学？

A. 本民族语

B. 汉语

C. 两种语言都用

27. 你目前正在接受何种形式的双语教学？

A. 所有课程都用本民族语进行教学，开设汉语语文课

B. 所有课程都用汉语进行教学，开设民族语语文课

C. 部分课程（数学、物理、化学等）用汉语进行教学，部分课程（语文、历史、地理等）用本民族语言进行教学

28. 你能够适应目前的双语教学吗？

A. 完全可以适应

B. 基本可以适应

C. 有点不适应

D. 完全不适应

29. 你是自愿接受双语教学的吗？

A. 是的，自己希望能够接受双语教学

B. 不是，是父母要求的

C. 不是，没有其他选择，只好接受双语教学

D. 无所谓，接受何种语言的教学都可以

30. 相比而言，你更愿意接受何种形式的双语教学？

A. 所有课程都用本民族语进行教学，开设汉语语文课

B. 所有课程都用汉语进行教学，开设民族语语文课

C. 部分课程（数学、物理、化学等）用汉语进行教学，部分课程（语文、历史、地理等）用本民族语言进行教学

31. 如果可以选择，你希望何时开始接受双语教学？

A. 学前教育阶段

B. 小学阶段

C. 初中阶段

D. 高中阶段

E. 大学阶段

32. 与用本民族语教学相比，你认为双语教学的优点是？（可多选）

A. 教学质量高

B. 有利于今后的个人发展

C. 有利于民族文化和传统的传承

D. 有利于多元文化社会的建立

E. 没有优点

33. 与用本民族语教学相比，你认为双语教学的缺点是？（可多选）

A. 增加了双语学生的学业负担

B. 可能会引起本民族语言文字的退化

C. 可能会导致本民族文化的传承问题

D. 没有缺点

34. 通过接受双语教育，你的收获有哪些？（可多选）

A. 提高了学业成绩

B. 多交了些朋友

C. 学会了汉语，多了一门有用的特长

D. 看问题的角度变了，有了一个更加广阔的视野

E. 能更好地融入社会

附录2 新疆中小学少数民族双语教育绩效影响因素双语教师调查问卷

敬爱的老师：

　　您好！

　　为全面了解一线双语教师对双语教育绩效的看法，本课题组设计了此问卷，问卷不会泄露您的任何个人信息，所得信息将会全部用于研究，研究成果将会对政府制定双语教育政策有一定借鉴价值，请您放心填写。感谢您的参与！

　　填写说明：请您按顺序答题，带□的题目，在您认为正确的选项上画"√"；带下划线的题目，请在下划线上填写您认为正确的信息；选择题请直接在相应的选项上画"√"，没有特殊说明的都是单选题。

1. 您的性别：□女 □男
2. 您的年龄：_____
3. 您的民族：_____
4. 您的学历：
□初中及以下 □高中（中专）□大专 □本科 □研究生
5. 您的职称：
□小学二级 □小学一级 □小学高级 □没有定级
□中学三级 □中学二级 □中学一级 □中学高级 □没有定级
6. 您目前所任教的学校：_____
7. 您的教龄：_____
8. 您所教课程：_____
9. 您生活地区的人口特点是？
   A. 基本上都是少数民族
   B. 大部分是少数民族，汉族人口相对较少
   C. 大部分是汉族，少数民族人口相对较少

D. 基本上都是汉族

10. 包括今年，您已经从事了多少年的双语教育，请填写_____

11. 您目前的汉语水平为？

□已经通过到 HSK（或 MHK） __ _____级考试

A. 能够非常自信地进行双语授课，效果与用本民族语授课没有差别

B. 能够用双语进行授课，但总是不太自信，总是担心学生听不懂

C. 还不能进行双语授课

□没有过级

A. 能够非常自信地进行双语授课，效果与用本民族语授课没有差别

B. 能够用双语进行授课，但总是不太自信，总是担心学生听不懂

C. 还不能进行双语授课

12. 您的民族语水平如何？

A. 完全可以适应双语班的教学需要，可以与民族学生进行深层次的沟通

B. 可以上双语班的课，但与民族学生的沟通还是不够深入

C. 只具备简单的听说能力，不会读写

D. 不会民族语言

13. 您是如何达到目前的双语水平的？

A. 工作前所接受的双语教育

B. 工作后接受的双语培训

C. 家庭及社区教育

D. 通过电视、广播、网络等媒介

E. 自学

14. 您在家里使用最多的是何种语言？

A. 汉语

B. 维吾尔语

C. 哈萨克语

D. 柯尔克孜语

E. 其他语言，请具体写出_____

15. 您是否愿意您的学生接受双语教育？

A. 愿意，这样学生可以有个好的工作，可以更好地融入社会

B. 有点不愿意，但没有其他更好的选择

C. 不愿意，有可能造成学生民族文化和传统的缺失

D. 还没有考虑过这个问题

16. 您家里的孩子接受教育的情况？

A. 都在接受双语教育

B. 都在接受本民族语的单语教育

C. 都在接受汉语教育

D. 分别接受不同形式的教育

E. 目前还没有孩子

17. 您在双语课堂上使用最多的是何种语言？

A. 汉语

B. 维吾尔语

C. 哈萨克语

D. 柯尔克孜语

E. 其他语言，请具体写出_____

18. 据您的观察，少数民族学生完全适应双语教学至少需要几年时间，请填写：_____

19. 您在双语课堂教学中，使用何种方式教学？

A. 主要用本民族语言进行教学，偶尔用汉语进行补充说明

B. 完全用本民族语言进行教学

C. 完全用汉语进行教学

D. 主要用汉语进行教学，偶尔用本民族语言解释说明

20. 您认为双语课堂中用何种语言教学更利于学生的学业？

A. 整个课堂都用汉语教学

B. 整个课堂都用本民族语教学

C. 课堂上主要用汉语进行教学，需要时可以用本民族语言进行解释说明

D. 课堂上主要用本民族语言进行教学，需要时可以用汉语进行补充说明

E. 使用何种语言都无所谓

21. 您认为何种双语教学模式更有利于双语学生的学业？

A. 所有课程都用汉语教学，开设民族语语文的双语教学模式

B. 部分课程用汉语教学（如数学、物理、化学等），部分课程用本民族语言教学（如历史、地理、音乐等）的双语教学模式

C. 所有课程都用本民族语言进行教学，开设汉语语文的双语教学模式

22. 您认为双语教学从何时开始最有利于学生的发展？

A. 学前教育阶段就用双语进行教学，开设民族语语文课

B. 小学三年级前用本民族语进行教学，开设汉语语文课，从四年级起开始双语教学

C. 小学阶段用本民族语进行教学，开设汉语语文课，从初中开始进行双语教学

D. 初中毕业前一直用本民族语进行教学，开设汉语语文课，从高中开始进行双语教学

E. 高中毕业前一直用本民族语进行教学，开设汉语语文课，从大学开始进行双语教学

23. 为了更好地进行双语教学，您曾经接受过何种形式的双语培训？

A. 主修或兼修过双语教学专业

B. 一个学期或更长时间的双语教学培训

C. 其他形式的短期双语教学培训

D. 没有接受过任何形式的双语教学培训

24. 您认为接受双语教育培训是否能够提高教师双语教学能力？

A. 完全可以

B. 可以

C. 不一定

D. 不能

25. （如果您接受过双语教育培训，请做此题，如果您没有接受过任何形式的双语教育培训，此题不用作答）您认为您所接受过的双语教育培训效果怎么样？

A. 效果显著，汉语水平和双语教学能力都得到了很大提升

B. 有效果，汉语水平得到了提升，基本能够胜任双语教学

C. 基本没效果，只是汉语水平得到了小幅提升，但还是不能胜任双语教学

D. 完全没有效果

26. 在您看来，您所任教的学校近几年双语教学效果是否得到了提升？

A. 双语教学效果显著提升，学生学业成绩大幅提升，教师双语教学能力也大幅提升

B. 双语教学效果有所提升，但提升幅度有限

C. 双语教学和用本民族语教学效果差不多，看不出学生学业成绩和教师教学能力有什么不同

D. 双语教学效果比用本民族语教学效果差，普遍存在着学生听不懂，胜任双语教师少的问题，严重影响了学生的学业成绩，打击了教师上课的自信心

27. 您认为自己能否很好地胜任目前的双语教学？

A. 完全可以胜任

B. 可以胜任，但上课时还是没信心

C. 不能完全胜任，上课也不是很有信心

D. 不能胜任，完全是赶鸭子上架

28. 如果可以选择，您是否愿意从事双语教学？

A. 非常愿意，会主动要求从事双语教学

B. 无所谓，哪种教学自己都愿意从事

C. 不是很愿意，但接受了后还是会尽最大努力完成好双语教学

D. 一点都不想从事双语教学，完全是被迫才从事双语教学的

29. 您认为目前自己的双语教学效果如何？

　　A. 自己和学生都很满意

　　B. 自己感觉很满意，但学生反映不是很好

　　C. 自己感觉不太满意，但学生反映很好

　　D. 自己和学生都不满意

30. 与用本民族语言进行教学相比，双语教学能否带给您教学成就感？

　　A. 二者没有区别，都能获得成就感

　　B. 用本民族语言进行教学能够获得更高的成就感

　　C. 用双语进行教学能够获得更高的成就感

　　D. 二者没有区别，都不能获得成就感

31. 您认为影响教师双语教学效果的因素有哪些？（可多选）

　　A. 教师的双语水平能否完全胜任双语教学需要

　　B. 学生的双语水平能否适应目前的双语课堂

　　C. 教师的双语教学能力

　　D. 是否有合适的双语教学教材

　　E. 学校所推行的双语教学模式

　　F. 教师自身的多元文化能力

32. 您认为影响学校双语教学效果的因素有？（可多选）

　　A. 双语教师的数量和质量

　　B. 双语学生的语言水平

　　C. 学校所采取的双语教学模式

　　D. 学校管理

　　E. 所用教材

　　F. 学校管理理念

33. 您认为双语教学的优点是什么？（可多选）

　　A. 提升学生学业成就

　　B. 从短期看对学生学业成绩影响不大，但从长远看有利于学生的全面发展

　　C. 有利于民族文化和传统的传承

D. 有利于各民族的团结和社会的稳定

E. 有利于多元文化社会的建立

34. 您认为双语教学的缺点是什么？（可多选）

A. 不利于学生认知能力的发展

B. 加重了学生的学业负担

C. 不利于少数民族文化的传承

D. 容易使民族学生产生逆反情绪，不利于双语教学的顺利开展

E. 费钱、耗时，又没见到什么效果

35. 您认为接受了双语教育的学生和没有接受过双语教育的学生主要区别是什么，请填写：_____

附录 3 中文新疆中小学少数民族双语教育绩效影响因素双语学生调查问卷（第二次）

请写一篇《我为什么喜欢做中国人》的命题作文，作文题材不限，字数不限。在写作文之前请先填写或选择好如下个人信息！

1. 姓名：_____
2. 学校：_____
3. 班级：_____
4. 性别：_____
5. 民族：_____
6. 年龄：_____
7. 接受双语教育的年数：_____
8. 你在家使用最多的是何种语言？
   A. 汉语
   B. 维吾尔语
   C. 哈萨克语
   D. 柯尔克孜语
   E. 其他语言，请具体写出_____
9. 你在课间主要使用何种语言与同学交流？
   A. 汉语
   B. 维吾尔语
   C. 哈萨克语
   D. 柯尔克孜语
   E. 其他语言，请具体写出_____
10. 你在课堂上使用最多的是何种语言？
    A. 汉语
    B. 维吾尔语
    C. 哈萨克语

D. 柯尔克孜语

E. 其他语言，请具体写出_____

11. 日常生活中你有机会使用汉语吗？

A. 没有

B. 有，但很少

C. 有，机会很多

12. 你能够适应目前的双语教学吗？

A. 完全可以适应

B. 基本可以适应

C. 有点不适应

D. 完全不适应

13. 你是自愿接受双语教学的吗？

A. 是的，自己希望能够接受双语教学

B. 不是，是父母要求的

C. 不是，没有其他选择，只好接受双语教学

D. 无所谓，接受何种语言的教学都可以

14. 相比而言，你更愿意接受何种形式的双语教学？

A. 所有课程都用本民族语进行教学，开设汉语文课

B. 所有课程都用汉语进行教学，开设民语文课

C. 部分课程（数学、物理、化学等）用汉语进行教学，部分课程（语文、历史、地理等）用本民族语言进行教学

15. 如果可以选择，你希望何时开始接受双语教学？

A. 学前教育阶段

B. 小学阶段

C. 初中阶段

D. 高中阶段

E. 大学阶段

16. 老师上课使用的语言？

A. 所有课程都用汉语，民语文课除外

B. 有些课程用汉语，有些课程用民族语

C. 所有课程都用民族语，汉语文课除外

17. 你喜欢老师用什么语言上课？

A. 汉语　B. 本民族语　C. 无所谓

18. 你的学习成绩怎样？

A. 非常好　B. 很好　C. 一般　D. 不太好　E. 很差

19. 在过去的一年时间里，你的学习成绩有提高吗？

A. 提高很大　B. 提高一点　C. 没有提高　D. 退步了一点

E. 退步很大

20. 你喜欢上学吗？

A. 非常喜欢　B. 喜欢　C. 一般　D. 不喜欢　E. 非常不喜欢

21. 你最喜欢的课程是：_____

22. 你喜欢看什么样的电视节目？

A. 汉语节目　B. 本民族语节目　C. 都喜欢　D. 都不喜欢

23. 你父母中最高学历是？

A. 大学　B. 高中或中专　C. 初中　D. 小学　E. 没有上过学

24. 你的家庭经济情况怎样？

A. 非常好　B. 很好　C. 一般　D. 很差　E. 非常差

25. 你父母支持你读书吗？

A. 非常支持　B. 支持　C. 一般　D. 不支持　E. 无所谓

26. 你父母支持你上双语班吗？

A. 非常支持　B. 支持　C. 一般　D. 不支持　E. 无所谓

27. 你今年最大的愿望是什么？_____

28. 你长大后的理想是什么？_____

附录4 新疆中小学少数民族双语教育绩效影响因素专家访谈提纲

访谈对象：　　　　访谈地点：　　　访谈时间：

1. 您是何时，在怎么样的情况下开始双语教育研究的？
2. 您认为新疆中小学少数民族双语教育开展情况怎样？
3. 您认为影响新疆少数民族双语教育绩效的因素有哪些？
4. 请您判断下给您的这张表中列出的因素及其属性是否是影响新疆中小学少数民族双语教育绩效的因素？
5. 请您对给您的这张表中可能遗漏的新疆中小学少数民族双语教育绩效影响因素进行补充？

附录4 表1　初步确定的新疆中小学少数民族双语教育绩效影响因素

类别	影响因素	属性		是否（"是"请您打"√"，"不是"请您打"×"）
传统教育的影响因素	学生自身	性别		
		就读阶段		
		对双语教育的适应情况		
		努力程度		
		成就感		
		愿意接受双语教育情况	是否自愿接受双语教育	
			愿意接受双语教育阶段	
			愿意接受双语教育模式	

续表

类别	影响因素	属性	是否（"是"请您打"√"，"不是"请您打"×"）
传统教育的影响因素	教师	族别	
		学历	
		胜任力	
		教学效果	
		对双语教育的性向（包括从事双语教育所带来的成就感、是否愿意从事双语教育及是否愿意子女接受双语教育）	
		对双语教育的基本看法（包括认为双语学生适应双语教育的年数、应该开始双语教育的阶段、合适的双语教育模式）	
		对双语教育的态度	
		参加培训情况	
	家庭	家庭经济状况	
		父母受教育程度	
		对学业的支持参与	
		对双语教育的态度	

续表

类别	影响因素	属性		是否（"是"请您打"√"，"不是"请您打"×"）
传统教育的影响因素	环境	地理环境	户口性质（农村城市）	
		人文社会环境	所在地区人口特点（民族成分比例）	
		语言环境	家庭语言使用情况	
			课间语言使用情况	
			课堂语言使用情况	
			日常语言使用情况	
双语教育所特有的影响因素	已经接受双语教育情况	已经接受双语教育年数		
		已经接受双语教育阶段		
		已经接受双语教育模式		
新疆所特有的影响因素	地理环境	地理位置（南北疆）		
	人文社会环境	管理体制（兵团地方）		
	学生自身	民族		

附录5　新疆中小学少数民族双语教育绩效影响因素专家咨询问卷

尊敬的专家/老师：

您好！

为了全面了解新疆中小学少数民族双语教育绩效主要影响因素，本课题组在前期文献研究与调查研究的基础上，从5个大的方面基本明确了新疆中小学少数民族双语教育绩效影响因素，现在需要明确影响新疆中小学少数民族双语教育绩效的主要影响因素。

在下述表格中里列出了新疆中小学少数民族双语教育绩效的影响因素及其不同属性，请您依据自身经验来判断新疆中小学少数民族双语教育绩效影响因素及属性的重要性程度。"重要性程度"共分为五个等级，分别为"非常重要""比较重要""一般重要""比较不重要"及"非常不重要"。

非常感谢您的支持与合作！

1. 请您判别新疆中小学少数民族双语教育绩效影响因素的重要性程度，每个影响因素都应该有一个与其对应的重要性程度，请在您认可的对应重要性程度下面打"√"。

附录5 表1　新疆中小学少数民族双语教育因素的重要性程度

影响因素	重要程度				
	非常重要	比较重要	一般重要	比较不重要	非常不重要
双语学生					
双语教师					
家庭					
同伴					
环境					

2. 请您判别双语学生因素各属性对新疆中小学少数民族双语教育绩效影响的重要性程度，每个属性都应该有一个与其对应的重要性程度，请在您认可的对应重要性程度下面打"√"。

附录5 表2　双语学生因素中各属性对新疆中小学少数民族
双语教育绩效影响的重要性程度

学生因素各属性	重要程度				
	非常重要	比较重要	一般重要	比较不重要	非常不重要
性别					
民族					
就读阶段					
双语能力					
已有知识基础					
努力程度					
对双语教育的适应情况					
愿意接受双语教育情况					
已经接受双语教育情况					

注：1. 愿意接受双语教育情况包括接受双语教育的意愿、愿意接受双语教育阶段及模式。
　　2. 已经接受双语教育情况包括已经接受双语教育年数、阶段与模式。

3. 请您判别双语教师因素各属性对新疆中小学少数民族双语教育绩效影响的重要性程度，每个属性都应该有一个与其对应的重要性程度，请在您认可的对应重要性程度下面打"√"。

附录5 表3　双语教师因素中各属性对新疆中小学少数民族
双语教育绩效影响的重要性程度

教师因素各属性	重要程度				
	非常重要	比较重要	一般重要	比较不重要	非常不重要
民族					
学历					

续表

教师因素各属性	重要程度				
	非常重要	比较重要	一般重要	比较不重要	非常不重要
胜任力					
教学效果					
敬业程度					
对双语教育的情感态度					
对双语教育的看法					
对双语教育的评价					
接受双语培训情况					

注：1. 对双语教育的情感态度包括从事双语教育的意愿及让自己学生接受双语教育的意愿。
2. 对双语教育的看法是指从何时开始接受何种模式的双语教育更有利于学生发展。
3. 对双语教育的评价是指对双语教育优缺点的评价。

4. 请您判别双语学生家庭因素各属性对新疆中小学少数民族双语教育绩效影响的重要性程度，每个属性都应该有一个与其对应的重要性程度，请在您认可的对应重要性程度下面打"√"。

附录5 表4　双语学生家庭因素各属性对新疆中小学少数民族双语教育绩效影响的重要性程度

家庭因素各属性	重要程度				
	非常重要	比较重要	一般重要	比较不重要	非常不重要
家庭经济状况					
父母学历					
父母对子女上学的态度					
父母对子女接受双语教育的态度					

5. 请您判别双语学生同伴因素各属性对新疆中小学少数民族双语教育绩效影响的重要性程度，每个属性都应该有一个与其对应的重

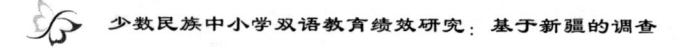

要性程度,请在您认可的对应重要性程度下面打"√"。

附录5 表5　双语学生同伴因素各属性对新疆中小学少数民族双语教育绩效影响的重要性程度

同伴因素各属性	重要程度				
	非常重要	比较重要	一般重要	比较不重要	非常不重要
双语能力					
理科类课程学习情况					
学业成就获得情况					
两种文化融合情况					
对学业的态度					
对双语教育的态度					
价值观					

6. 请您判别环境因素各属性对新疆中小学少数民族双语教育绩效影响的重要性程度,每个属性都应该有一个与其对应的重要性程度,请在您认可的对应重要性程度下面打"√"。

附录5 表6　环境因素各属性对新疆中小学少数民族双语教育绩效影响的重要性程度

环境因素各属性	重要程度				
	非常重要	比较重要	一般重要	比较不重要	非常不重要
南疆与北疆					
农村或城市					
兵团或地方					
所在地区人口特点					
家庭语言使用情况					
课间语言使用情况					
课堂语言使用情况					
日常生活中语言使用情况					

7. 如果您认为还有其他影响新疆中小学少数民族双语教育绩效的因素或属性，请您在下表中补充，并指出其重要性程度。

附录5 表7　　　补充的因素及属性对新疆中小学少数民族
双语教育绩效影响的重要性程度

影响因素/属性	重要程度				
	非常重要	比较重要	一般重要	比较不重要	非常不重要

附录6 新疆中小学少数民族双语教育绩效主要影响因素专家咨询问卷

尊敬的专家/老师：

您好！

为了全面了解新疆中小学少数民族双语教育绩效主要影响因素，本课题组在前期调查研究与专家咨询的基础上，从5个大的方面基本明确了新疆中小学少数民族双语教育绩效影响因素及其属性的重要性程度，基本明确了新疆中小学少数民族双语教育绩效影响因素。新疆中小学少数民族双语教育绩效影响因素众多，为了找出最主要影响因素，课题组设计了此问卷。

请您依据自身经验对新疆中小学少数民族双语教育绩效影响因素及属性的重要性程度进行排序。重要性程度排序从"1"开始，"1"表示"最重要"，"2"表示"次重要"，依次类推。

非常感谢您的支持与合作！

1. 请您在以下影响因素对应单元格内填入数字"1、2、3、4、5、…"以表示该影响因素对新疆中小学少数民族双语教育绩效的重要性程度，"1"表示"最重要"，"2"表示"次重要"，依次类推。如果您认为还有其他影响因素被遗漏，请在空白单元格中补充，并在对应单元格中填写其重要性对应数值，若有多个，请在空白单元格中一并填写。

附录6 表1 新疆中小学少数民族双语教育绩效影响因素重要性排序

分类	影响因素				
	双语学生	双语教师	家庭	同伴	环境
重要性排序					

2. 请您在以下双语学生影响因素属性对应单元格内填入数字"1、2、3、4、5、…"以表示该属性对新疆中小学少数民族双语教

育绩效的重要性程度,"1"表示"最重要","2"表示"次重要",依次类推。如果您认为还有其他属性被遗漏,请在空白单元格中补充,并在对应单元格中填写其重要性对应数值,若有多个,请在空白单元格中一并填写。

附录6 表2　　　　双语学生因素主要属性重要性排序

分类	学生因素主要属性					
	愿意接受双语教育情况	已经接受双语教育情况	双语能力	努力程度	对双语教育的适应情况	已有知识基础
重要性排序						

注：1. 愿意接受双语教育情况包括接受双语教育的意愿、愿意接受双语教育阶段及模式。

2. 已经接受双语教育情况包括已经接受双语教育年数、阶段与模式。

3. 请您在以下双语教师影响因素属性对应单元格内填入数字"1、2、3、4、5、…"以表示该属性对新疆中小学少数民族双语教育绩效的重要性程度,"1"表示"最重要","2"表示"次重要",依次类推。如果您认为还有其他属性被遗漏,请在空白单元格中补充,并在对应单元格中填写其重要性对应数值,若有多个,请在空白单元格中一并填写。

附录6 表3　　　　双语教师因素主要属性重要性排序

分类	教师因素主要属性					
	对双语教育的情感态度	对双语教育的看法	胜任力	教学效果	敬业程度	
重要性排序						

注：1. 对双语教育的情感态度包括从事双语教育所带来的成就感、从事双语教育的意愿及让自己学生接受双语教育的意愿。

2. 对双语教育的看法是指从何时开始接受何种模式的双语教育更有利于学生发展。

3. 对双语教育的评价是指对双语教育优缺点的评价。

4. 请您在以下双语学生家庭影响因素属性对应单元格内填入数字"1、2、3、4、5、…"以表示该属性对新疆中小学少数民族双语教育绩效的重要性程度,"1"表示"最重要","2"表示"次重要",依次类推。如果您认为还有其他属性被遗漏,请在空白单元格中补充,并在对应单元格中填写其重要性对应数值,若有多个,请在空白单元格中一并填写。

附录6 表4　　　　家庭因素主要属性重要性排序

分类	家庭因素主要属性				
	父母对子女学业的态度	父母对子女接受双语教育的态度	父母学历	家庭经济状况	
重要性排序					

5. 请您在以下同伴影响因素属性对应单元格内填入数字"1、2、3、4、5、…"以表示该属性对新疆中小学少数民族双语教育绩效的重要性程度,"1"表示"最重要","2"表示"次重要",依次类推。如果您认为还有其他属性被遗漏,请在空白单元格中补充,并在对应单元格中填写其重要性对应数值,若有多个,请在空白单元格中一并填写。

附录6 表5　　　　同伴因素主要属性重要性排序

分类	同伴因素主要属性					
	双语教育的态度	对学业的态度	价值观	两种文化融合情况	双语能力	
重要性排序						

6. 请您在以下环境影响因素属性对应单元格内填入数字"1、2、3、4、5、…"以表示该属性对新疆中小学少数民族双语教育绩效的重要性程度,"1"表示"最重要","2"表示"次重要",依次类

推。如果您认为还有其他属性被遗漏，请在空白单元格中补充，并在对应单元格中填写其重要性对应数值，若有多个，请在空白单元格中一并填写。

附录6 表6　　　　**环境因素主要属性重要性排序**

分类	环境因素主要属性					
	家庭语言使用情况	课堂语言使用情况	课间语言使用情况	日常生活中使用汉语的机会	农村城市	所在地区人口特点
重要性排序						